High Carb Vegan

Die gesunde
Low Fat Küche

Julia Lechner
& Anton Teichmann

High Carb Vegan

Die gesunde
Low Fat Küche

Über die vegane Rohkost sind wir zum ersten Mal mit dem High-Carb-Lifestyle in Berührung gekommen. Viele positive Erfahrungsberichte und das Konzept der fettarmen, kohlenhydratreichen Ernährung haben uns soweit überzeugt, dass wir es selbst ausprobieren mussten. Dabei sind viele Rezeptideen entstanden, die wir in diesem Buch gesammelt haben und mit euch teilen möchten.

Die Prinzipien des veganen High-Carb-Lifestyles sind seitdem zu den Grundprinzipien unserer eigenen Ernährung geworden. Die Kombination aus frischer Rohkost und vollwertiger Kochkost ist energiegeladen und reich an Nähr- und Vitalstoffen.

Mit diesem Buch wollen wir euch den veganen High-Carb-Lifestyle vorstellen und zeigen, dass die fettarme vegane Küche nicht nur sehr gesund, sondern auch unfassbar lecker ist. Über euer Feedback würden wir uns sehr freuen.

Teilt eure Erfahrungen und Kreationen auf:

f www.facebook.de/highcarbvegan

📷 #highcarbvegan

Webseiten der Autoren

www.julialechner.com

www.antonteichmann.com

Unser Rezeptbuch für vegane Rohkost:

www.rawsoulfood.de

Das steckt im Buch

Spezial

Für BesserEsser

2 Hauptgerichte fettfrei anders 32

Bewusst essen

Die Themen **Gesundheit** und **Ernährung** werden immer wichtiger, aber auch kommerzieller. Fast jeder beschäftigt sich heutzutage damit und uns begegnet eine **enorme Flut** an Informationen auf der Suche nach der Ernährung, die unseren Körper und unseren Geist stärkt. Diäten und Ernährungs-konzepte gibt es wie Sand am Meer. Die Frage ist: **Was ist nun richtig?**

Wie findet man die passende Ernährung, die nicht nur dabei hilft, satt zu werden, sondern auch Krankheiten vorbeugt, heilt und ein stabiles Immunsystem aufbaut? Die Antwort ist eigentlich ganz einfach: Wir müssen wieder lernen, uns bewusst zu ernähren. Vor noch nicht einmal hundert Jahren waren Nahrungsmittel noch nicht so leicht verfügbar wie heute. Die Menschen haben ihre Lebensmittel gezielt ausgesucht und bewusst genossen. Heute ist es andersrum: Essen verfolgt uns. An jeder Straßenecke reiht sich Imbiss an Café und Bistro, Supermärkte mit langen Gängen, in denen sich Nahrungsmittel in riesigen Regalen türmen, sind lang keine Seltenheit mehr, genauso wie Zusatzstoffe, Geschmacksverstärker und massenweise Fett in hochverarbeiteten Fertigprodukten.

Doch dafür ist unser Körper nicht gemacht. Die Natur kennt keine Umwege oder Abkürzungen. Wir können nicht erwarten, gesund zu sein, wenn wir regelmäßig Fast Food und Fertigprodukte mit ellenlangen Zutatenlisten zu uns nehmen. In einer Welt, die von technischem Fortschritt geprägt ist und in der alles immer schneller und billiger wird, leidet die Qualität der Nahrung extrem. Doch es gibt Hoffnung: Wir können zurückkehren zu den Lebensmitteln, die uns wahre Lebensenergie schenken. Back to the roots. Der Weg zum High-Carb-Lifestyle lohnt sich. Selbst wenn wir jung und gesund sind oder uns nicht über Krankheiten beklagen müssen: Wir wissen nicht, wie viel besser es uns gehen könnte. Vielleicht haben wir aktuell noch nicht einmal die Hälfte der Lebensqualität erreicht, die wir haben könnten!

Wahre Gesundheit und Lebensqualität gibt es nirgendwo zu kaufen. Genauso sind Medikamente lediglich dazu da, Symptome zu bekämpfen, sie heilen aber niemals die wahren Auslöser von Krankheiten. Wahre Gesundheit und ganzheitliches Wohlbefinden ist das Ergebnis und gleichzeitig die Belohnung eines langfristig und kontinuierlich guten Umgangs mit dem eigenen Körper. Dazu gehört neben Bewegung, ausreichend Schlaf, einem möglichst geringen Stresslevel auch eine ausgewogene Ernährung, die uns mit den richtigen Nährstoffen versorgt. Für viele mag das, was jetzt kommt, neu und ungewohnt sein: Ernährung muss eine Priorität werden im Leben. Es ist nicht egal, was wir essen. Wir können so viel zum Positiven verändern, wenn wir uns mit dem Thema Ernährung auseinandersetzen und lernen, worauf es wirklich ankommt. Auch müssen wir lernen, die Signale unseres Körpers deuten zu können.

In *High Carb Vegan* erklären wir die Grundlagen dieser Ernährung und geben nicht nur Tipps und Rezepte zur Umsetzung, sondern erklären auch viele Informationen über die einzelnen Abläufe in unserem Körper. Diese Details sind auch wichtig für die Motivation, um sich langfristig gesund zu ernähren. Wenn wir wissen, was mit dem Essen in unserem Körper passiert, ist es uns nicht mehr egal, was wir zu uns nehmen. Wer gerade erst anfängt, sich mit dieser Ernährungsweise auseinanderzusetzen, wird viel Neues lernen. Vielen sind gerade die Basics nicht bewusst: Woher bekommt unser Körper seine Energie, was passiert mit Makro- und Mikronährstoffen?

Doch wenn sich erste Erfolge zeigen, wird aus neu Erlerntem in Kürze eine Gewohnheit. Irgendwann gehört es zum Alltag, sich gesund zu ernähren, ähnlich wie das tägliche Zähneputzen oder vergleichbare routinierte Alltagshandlungen. Ähnlich wie wir mittels Fahrstunden Auto fahren gelernt haben, brauchen wir etwas Übung beim Thema Ernährung. Sind die Gewohnheiten erstmal gefestigt, erfordern sie keine Mühe und Anstrengung mehr von uns. Dann können wir uns ganz auf unseren Körper verlassen. Dieser meldet uns, wenn unser Verhalten von den Gewohnheiten abweicht.

Die folgende Message geht an alle, die noch an der veganen High-Carb-Ernährung zweifeln: Gebt euch selbst die Chance, etwas völlig neues auszuprobieren. Testet das Ganze einen Monat und ihr werdet erste positive Veränderungen erzielen. Jetzt ist der Zeitpunkt, sich neu zu orientieren und erstaunliche Erfahrungen zu sammeln.

Be pure, go vegan,
eat clean and carb up!

Die Mikro- und Makronährstoffe

Makronährstoffe sind die Grundnährstoffe unseres Körpers. In erster Linie liefern sie uns Energie und dienen als Baumaterial. Die Makronährstoffe setzen sich aus Kohlenhydraten, Proteinen und Fett (Lipiden) zusammen. Wenn wir sie mit einer Baustelle vergleichen, dann stellen sie die Ziegelsteine, die Holzbretter und alle anderen groben Materialien dar, die man benötigt, um etwas bauen zu können. Mikronährstoffe sind Nährstoffe, die selbst keine Energie liefern, aber essenziell für alle Stoffwechselvorgänge in unserem Körper sind. Das sind Mineralstoffe, Spurenelemente, Ultraspurenelemente und Vitamine. Auf der Baustelle stellen sie den Zement und die Nägel dar, die alles zusammenhalten. Zu ihnen gehören auch alle Vital- und Schutzstoffe, die den Körper vor freien Radikalen schützen, das Immunsystem stärken und den Organismus vital erhalten. Das sind sekundäre Pflanzenstoffe, Ballaststoffe und Antioxidanzien.

Neben einer ausreichenden Grundversorgung mit Makronährstoffen ist es sehr wichtig, genügend Mikronährstoffe zu sich zu nehmen. Ansonsten hat man eine Menge Ziegelsteine und Holzbretter, mit denen man aber nichts anfangen kann. Im schlimmsten Fall ergeben sich durch eine unzureichende Aufnahme von Mikronährstoffen Mangelerscheinungen.

Energiedichte & Nährstoffdichte

Nährstoffdichte definiert, wie viele Mikronährstoffe ein Lebensmittel pro Gramm besitzt. Lebensmittel mit einer hohen Nährstoffdichte sind Obst, Gemüse, Beeren, grünes Blattgemüse und Wildkräuter. Die Energiedichte gibt an, wie viele Makronährstoffe ein Lebensmittel pro Gramm besitzt. Makronährstoffe finden wir in jedem Lebensmittel. Je energiedichter ein Lebensmittel ist, desto höher ist der Anteil der Makronährstoffe.

Früchte beinhalten wertvolle Mikronährstoffe und sind auch eine gute Quelle für Makronährstoffe. Sie sind reich an Kohlenhydraten, besitzen sehr gute Aminosäureprofile (Protein) und haben wenig Fett. Nüsse und Samen sind ebenfalls gute Energieträger, reich an Protein und liefern zugleich wertvolle Mineralstoffe und Vitamine. Eine Paranuss reicht beispielsweise aus, um den täglichen Selenbedarf eines Erwachsenen abzudecken. Ihre Energie stellen sie allerdings im Gegensatz zum Obst in Form von Fetten zur Verfügung. Hierbei handelt es sich jedoch um gesunde Fette, da diese nicht von den Mikronährstoffen isoliert wurden.

Kohlenhydrate: Brennstoff unseres Körpers

Als Teil der Makronährstoffe sind Kohlenhydrate der Treibstoff, aus dem unser Körper bevorzugt seine Energie gewinnt. Kohlenhydrate sind, vereinfacht ausgesprochen, Zuckermoleküle. Die primäre Energiequelle für alle Abläufe in unserem Körper ist der Einfachzucker Glukose (Traubenzucker). Unser Organismus benötigt Glukose als Brennstoff, denn ohne Zucker läuft in unserem Körper gar nichts!

Man unterscheidet zwischen einfachen und komplexen Kohlenhydraten. Zu den einfachen Kohlenhydraten gehören die Einfach- und Zweifachzucker. Glukose (Traubenzucker) und Fruktose (Fruchtzucker) sind einfache Zucker. Malz- und Kristallzucker gehören zur Gruppe der Zweifachzucker. Alle stärkehaltigen Lebensmittel wie Reis, Kartoffeln und Getreide gehören zu den komplexen Kohlenhydraten, auch Vielfachzucker genannt. Generell wandelt unser Körper zur Energiegewinnung Mehrfachzucker in Einfachzucker um. Je komplexer ein Energieträger ist, desto mehr Arbeit und Zeit benötigt unser Körper, um die darin gespeicherte Energie nutzen zu können. Früchte sind dementsprechend schnelle Energielieferanten. Reis, Kartoffeln und Co. sind Lebensmittel, die ihre Energie erst später, dafür aber langanhaltender abgeben. Die Tabelle gibt einen kurzen Überblick über kohlenhydratreiche Lebensmittel. Die Energiedichte gibt an, wie viel Brennwert ein Lebensmittel pro Gramm zur Verfügung stellt.

ENERGIEDICHTE VON LEBENSMITTELN

Lebensmittel	Kalorien in kcal pro 100 g	Kohlenhydrate in g pro 100 g	Energiedichte (kcal/g)
Früchte			
Apfel	52	11	0,52
Banane	90	23	0,90
Datteln	277	75	2,77
Jackfrucht	95	24	0,95
Mango	60	15	0,60
Orange	47	12	0,47
Trockenfrüchte			
Aprikosen	320	83	3,20
Bananen	346	88	3,46
Datteln	282	75	2,82
Feigen	107	27	1,07
Rosinen	299	79	2,99
Pseudo-/Getreide			
Buchweizen, geschält	336	71	3,36
Hirse	350	68	3,50
Quinoa	392	70	3,92
Naturreis	352	74	3,52
Reis	358	79	3,58
Gemüse			
Algen, getrocknet	280	55	2,80
Kartoffel, gekocht	87	20	0,87
Süßkartoffel, gebacken	76	17	0,76
Zuckermais, gekocht	108	25	1,08

Proteine: lebenswichtige Grundbausteine

Eiweiß dient unserem Organismus weniger als Energieträger, sondern ist vielmehr ein Grundbaustein. Wir benötigen es um Muskulatur aufzubauen, für die Zellteilung und für die Produktion von Haaren, Haut und Nägeln. Also überall dort, wo etwas gebaut, repariert oder erhalten werden muss. Proteine bestehen aus Aminosäuren. Jedes Lebewesen – ob Pflanze oder Tier – benötigt Aminosäuren, um daraus eigene Proteine herstellen zu können. So ist das auch bei uns Menschen. Unser System ist zwar in der Lage die meisten Aminosäuren selbst herzustellen, einige jedoch kann unser Körper nicht selbst produzieren. Diese werden deshalb als essenzielle Aminosäuren bezeichnet, die wir über die Nahrung aufnehmen müssen. Mit einem bereits fertig gebildeten Protein kann unser Organismus jedoch nichts anfangen. Dieses muss zuerst wieder in seine einzelnen Aminosäuren aufgespalten werden, um daraus dann eigene Proteinbausteine bilden zu können.

Qualität statt Quantität!

Tierisches Protein wird gegenüber pflanzlichem oft als hochwertiger bezeichnet. Das kommt daher, da es alle essenziellen Aminosäuren beinhaltet, tierische Produkte in der Regel sehr proteinreich sind und es vom menschlichen Körper schneller verstoffwechselt wird.

Ob diese Kriterien allerdings auch für Qualität und Gesundheit sprechen können, ist fragwürdig. Bei der Aufspaltung tierischen Proteins entsteht nämlich eine Menge Säure, die den Säure-Basen-Haushalt stören kann. Die große Menge Protein in tierischen Produkten ist der nächste kritische Punkt. Wir benötigen gar nicht so viel Eiweiß auf einen Schlag. Das überschüssige Eiweiß wird vom Körper entweder umgebaut und als Fett eingelagert, wenn wir insgesamt zu viel Energie zu uns nehmen, oder überwiegend über die Nieren in Form von Harnstoff ausgeschieden. Essen wir regelmäßig zu viel Eiweiß, kann das also eine Dauerbelastung der Ausscheidungsorgane bedeuten. Die zusätzliche Aufnahme von Cholesterin ist ein weiterer kritischer Punkt. Der menschliche Körper produziert sein eigenes Cholesterin. Zusätzlich über tierische Produkte aufgenommen, kann es zu arteriellen Ablagerungen und einem erhöhtem Herzinfarktrisiko führen.

Pflanzliches Protein verhält sich ganz anders in unserem Organismus. Es wird viel langsamer verstoffwechselt. Der Körper hat mehr Zeit, es zu verarbeiten und aufzunehmen und wird durch den moderaten Eiweißgehalt entlastet. Bei der Aufspaltung entstehen weniger Abfallstoffe, wodurch der Körper nicht übersäuert wird, sondern im basischen Milieu bleibt. Pflanzliches Eiweiß enthält kein Cholesterin.

Dennoch ist die Angst vor einem Eiweiß-mangel bei veganer Ernährung in der Gesellschaft weit verbreitet. Pflanzen haben jedoch hervorragende Aminosäureprofile. Durch eine abwechslungsreiche, ausgewo-gene pflanzliche Ernährung können alle essenziellen Aminosäuren und die nötige Menge Protein problemlos abgedeckt wer-den.

Wie viel Eiweiß benötigt man wirklich?

Als Neugeborenes hat man im ersten Lebensmonat mit 2,7 g Eiweiß pro Kilo-gramm Körpergewicht den größten Bedarf. Wenn man zu dem Vergleich mit der Baustelle zurückkehrt, dann benötigt man zu Beginn des Hausbaues eine Menge Bau-material. Wenn das Haus allerdings fertig gebaut ist, braucht man nur noch einen Bruchteil, um das Haus in Schuss zu halten. Erwachsene benötigen dementsprechend weniger Eiweiß für den täglichen Grund-bedarf als Kinder oder Heranwachsende. Die Empfehlung für den Grundbedarf eines Erwachsenen liegt derzeit bei 0,8 g Pro-tein pro kg Körpergewicht. Menschen mit erhöhtem Proteinbedarf wie zum Beispiel Bodybuilder sind mit 1,5–2 g Eiweiß pro Kilogramm Körpergewicht ausreichend ver-sorgt. Die nachfolgende Tabelle zeigt einen kurzen Überblick proteinreicher pflanzlicher Lebensmittel.

PROTEINGEHALT PFLANZLICHER LEBENSMITTEL

Lebensmittel	Protein in g pro 100 g
Hülsenfrüchte	
Erbsen, gekocht	6,8
Kichererbsen, gekocht	7,6
Kidney Bohnen, gekocht	7
Linsen, gekocht	12
Früchte	
Banane	1,2
Datteln, getrocknet	2
Durian	2,7
Mango	0,6
Pseudo- / Getreide	
Buchweizen, gekocht	3,3
Hirse, gekocht	3,5
Naturreis, gekocht	3
Quinoa, gekocht	6,4
Gemüse	
Brokkoli, gekocht	2,9
Grünkohl, roh	4,3
Spinat, gekocht	3
Wildkräuter / Algen	
Brennnesseln, roh	7,4
Chlorella-Algen-Pulver	69
Löwenzahn	2,6
Weizengras-Pulver	14,8

Fett: in kleinen Mengen

Fette oder auch Lipide zählen neben Kohlenhydraten und Proteinen zu den Grundbausteinen unserer täglichen Nahrung. In unseren Rezepten legen wir Wert auf fettreduzierte Kost. Jedoch sollte man niemals vollständig das Fett aus seiner Küche verbannen! Fette haben eine sehr hohe Energiedichte. Während 1 Gramm Kohlenhydrate oder 1 Gramm Protein nur 4 Kilokalorien besitzen, hat Fett auf 1 Gramm stolze 9 Kilokalorien.

Damit liefert Fett bei gleicher Menge mehr als doppelt so viel Energie wie Kohlenhydrate und Proteine. Die Energie, die wir durch die Nahrung aufnehmen und nicht verbrennen, speichert der Körper als Depot- und Baufett. So entstehen die allseits bekannten Fettdepots. Indem wir das Fett in der Nahrung reduzieren, kann langfristig auch weniger davon eingelagert werden. Das ist auch der Grund, warum Fette so einen schlechten Ruf haben. Wer über einen längeren Zeitraum zu viel Fett konsumiert und wenig Kalorien verbrennt, bei dem können Übergewicht und Fettstoffwechselstörungen folgen.

Warum man niemals ganz auf Fett verzichten sollte

Neben der Rolle als Energieträger sorgen die Fette aus der Nahrung aber auch für einen weiteren lebenswichtigen Vorgang in unserem Körper. Nur in Kombination mit Fett kann der Körper die fettlöslichen Vitamine A, D, E und K aufnehmen.

Ein weiteres Schlüsselwort sind die essenziellen Fettsäuren. Zwei mehrfach ungesättigte Fettsäuren sind für den Körper essenziell: die alpha-Linolensäure, eine Omega-3-Fettsäure, und die Linolsäure, eine Omega-6-Fettsäure. Beide sind lebensnotwendig, weil der Körper sie nicht selbstständig bilden kann und mit der Nahrung aufnehmen muss. Essenzielle Fettsäuren werden beispielsweise für den Aufbau von neuen Zellmembranen, für verschiedene Stoffwechselvorgänge, für die Regulation des Fettstoffwechsels und des Cholesterins gebraucht. Oft hört man in Verbindung mit essenziellen Fettsäuren auch Fisch als Quelle. Tatsache ist, dass essenzielle Fettsäuren nur deswegen in Fisch enthalten sind, weil Fische sich teilweise von Algen ernähren. Der Ursprung ist also wieder pflanzlich.

Es kommt auf die Qualität an

Die Qualität des Fetts spielt eine sehr große Rolle. Zu bevorzugen sind ungesättigte Fette, zu meiden sind gesättigte Fette. Gesättigte Fette findet man überwiegend in tierischen Nahrungsmitteln. Deswegen gelten pflanzliche Fette allgemein als gesünder, denn sie sind reich an ungesättigten und mehrfach ungesättigten Fettsäuren und frei von Cholesterin.

Kokosöl ist das einzige pflanzliche Öl mit überwiegend gesättigten Fettsäuren, aber auch das ist cholesterinfrei. Kokosöl hat jedoch mehrere gute Eigenschaften, die es zu einem interessanten und gesunden Fett machen. Kokosfett wirkt sich nämlich trotz der gesättigten Fettsäuren positiv auf den Fettsoffwechsel aus, da es auch mittelkettige Fettsäuren enthält. Des Weiteren wirkt es antibakteriell und ist ein natürliches Fungizid. Für die Küche ist es ebenfalls interessant, da es sehr hitzebeständig ist.

Gehärtete Fette sollte man möglichst vermeiden. Sie sind industriell hergestellt, finden sich in verarbeiteten Fertigprodukten, wie Keksen, Saucen, Schokolade, usw. und beinhalten nichts, was für den Körper brauchbar ist.

Fett ist aber auch Geschmacksträger. Es hilft dabei, Speisen zu verfeinern oder den Geschmack zu intensivieren. Dennoch sollte man insbesondere mit konzentriertem Fett, wie beispielsweise Pflanzenölen sparsam umgehen. Für den Geschmack reicht bereits eine kleine Menge. Und die Gefahr, zu wenig Fett zu sich zu nehmen, ist gering. In jedem Lebensmittel findet sich auch ein natürlicher Anteil an Fett. Die wohl gesündeste Art, Fett zu konsumieren, sind Avocados, andere fetthaltige Früchte oder verschiedene Nüsse. Im Gegensatz zu Ölen sind hier neben dem Fett auch Mineralstoffe, Vitamine, Ballaststoffe und Enzyme enthalten.

Die sinnvollsten pflanzlichen Fettquellen

Die folgende Tabelle zeigt einen kleinen Überblick pflanzlicher Fettquellen. Früchte liefern wesentlich weniger Fett als Nüsse. Insgesamt sind Früchte, Samen und Nüsse jedoch zu bevorzugen, da sie im Gegensatz zu Ölen noch alle Begleitnährstoffe besitzen.

FETTREICHE, PFLANZLICHE NAHRUNGSMITTEL

	Gramm Fett pro 100 g Menge
Nüsse	
Kokosnuss	36
Erdnüsse	48
Mandeln	52
Haselnüsse	60
Walnüsse	62
Samen	
Leinsamen	31
Chiasamen	31
Sonnenblumenkerne	49
Fettfrüchte	
Grüne Oliven	14
Avocado	23
Schwarze Oliven	36

Energiebedarf

Der tägliche Energiebedarf eines Menschen ist individuell und setzt sich aus mehreren Faktoren zusammen. Das wäre in erster Linie die Grundenergie, der sogenannte Grundumsatz, die ein Körper benötigt, um funktionieren zu können. Dazu kommen gesteigerte körperliche und geistige Aktivitäten sowie das Stresslevel, dem man ausgesetzt ist. Die Menge des Schlafs und dessen Qualität sind ebenso von Bedeutung wie das Liebesleben oder der Menstruationszyklus und wie viel Wasser man trinkt. Selbst das Klima hat Einfluss auf den täglichen Energieverbrauch. Es ist fast unmöglich, den tatsächlichen Bedarf rechnerisch zu ermitteln. Selbst wenn man diesen exakt erfassen könnte, hat man auf der anderen Seite der Gleichung weitere Faktoren, die Ungenauigkeiten mit sich bringen.

Andererseits unterliegt jedes Lebensmittel natürlichen Schwankungen und hat nie den gleichen Energiewert. Die Werte sind jedoch gute Orientierungspunkte, um sich an den tatsächlichen Energiebedarf heranzutasten und um sicherzustellen, genügend Energie getankt zu haben. Wie viele Kalorien ein Mensch am Tag benötigt, wird immer wieder heiß diskutiert. Die deutsche Gesellschaft für Ernährung (DGE) empfiehlt bei einem Menschen zwischen 19 und 25 Jahren bei wenig bis keiner körperlichen Aktivität für Frauen 1900 Kalorien pro Tag und für Männer 2500. Dieser Wert ist natürlich davon abhängig, welche körper-

liche Konstitution man besitzt und welches Ziel man vor Augen hat. Bei den meisten Menschen dürfte der Fokus darauf liegen, nicht zu viel Körperfett anzusetzen oder überschüssiges Fett zu reduzieren und langfristig eine gute Figur zu haben. Und der vegane High-Carb-Lifestyle bietet ein alltagstaugliches Grundkonzept, mit dem sich diese Ziele langfristig realisieren lassen.

Die Basics des veganen High-Carb-Lifestyles

Qualität
Vollwertige Nahrungsmittel sollten ein Grundbaustein in jeder gesunden Ernährung sein. So unverarbeitet wie möglich, so verarbeitet wie nötig.

Rohkost
Frische lebendige Nahrung darf in einer gesunden Ernährung nicht fehlen. Rohkost liefert Antioxidantien, lebendige Enzyme, Ballaststoffe und unverarbeitete Mikronährstoffe in höchster Qualität.

Vegan
Tierische Produkte verursachen im menschlichen Organismus mehr Probleme als sie Nutzen mit sich bringen. Pflanzliche Lebensmittel sind dagegen nicht nur für unsere Gesundheit gut, sie entlasten auch die Umwelt und hinterlassen einen positiven ökologischen Fußabdruck.

Bewegung

Sport ist der Schlüssel zwischen Ernährung und Gesundheit. Unser Körper ist eine erstaunliche Maschine. Damit sie jedoch richtig funktionieren kann, muss sie regelmäßig bewegt werden. Nicht nur das Herzkreislaufsystem ist auf Bewegung angewiesen, um gesund und kräftig zu sein, sondern auch unser Lymphsystem, das Bindegewebe, die Knochen, die Gelenke, die Muskulatur und die Organe. Durch Sport versorgen wir unsere Zellen zusätzlich mit Sauerstoff. Man muss sich von dem Gedanken verabschieden, man könne langfristig eine gute Figur erreichen und gleichzeitig gesund sein, ohne sich sportlich zu betätigen. Das funktioniert einfach nicht!

Energie

Damit der Körper nicht dazu gezwungen wird, Notreserven anzulegen, und der Stoffwechsel optimal arbeiten kann, ist es wichtig, genügend Energie in Form von Kohlenhydraten zur Verfügung zu stellen.

Fett

Der Fettkonsum sollte so niedrig wie möglich gehalten werden. Denn das Fett, das man isst, ist das Fett, das man trägt. Den Großteil des täglichen Fettes sollte man nach Möglichkeit abends nach allen kohlenhydratreichen Mahlzeiten konsumieren.

Makronährstoffverteilung

In Zahlen ausgedrückt sollte man ein Makronährstoffverhältnis von 60–80 % Kohlenhydraten, 10–20 % Protein und 10–20 % Fett gerechnet auf die täglichen Gesamtkalorien anstreben, je nachdem welches Ziel man verfolgt. Für die Reduzierung des Körperfettanteils sollte man mehr Kohlenhydrate, weniger Protein und am wenigsten Fett konsumieren. Für den Muskelaufbau sollte man etwas mehr Eiweiß einplanen, und es darf dann auch ein bisschen mehr Fett sein.

Für alle, die ihren täglichen Energiebedarf genau berechnen wollen, haben wir auf der Internetseite des Buches ein Kapitel dazu verfasst, das detailliert auf diesen Punkt eingeht. Wer also nichts dem Zufall überlassen möchte, findet auf der Seite www.veganhighcarb.de unter dem Menüpunkt *Kalorienbedarf* alle nötigen Informationen und Werkzeuge, um seinen individuellen Energieverbrauch berechnen zu können. Darüber hinaus liegt jedem Rezept in diesem Buch eine Nährstofftabelle bei. Die Tabelle dient lediglich zur Orientierung und stellt eine Übersicht des Energiewertes und der Makronährstoffe bereit.

Küchenbasics

Wie bei jeder Art der Zubereitung gibt es auch in der High-Carb-Küche bestimmte Utensilien und Lebensmittel, die man zu Hause haben sollte. Im Folgenden erklären wir kurz, welches Equipment wir empfehlen, damit die vegane High-Carb-Küche Spaß macht und welche Produkte wir für die Zubereitung der Gerichte immer wieder verwenden!

Mix it - Hochleistungsmixer

Der Hochleistungsmixer kommt täglich zum Einsatz. Er sorgt nicht nur für tolle Smoothies, sondern zaubert auch feine Saucen, Dips und Suppen. Wir benutzen aktuell den Vitamix Pro 750, haben aber auch mit dem Vorgänger gute Ergebnisse erzielt. Dank des 2,2-PS-Motors erreicht der Vitamix eine Drehgeschwindigkeit von 434 km/h. Die Leistung beträgt 1200–1400 W. Man kann ihn sowohl stufenlos einstellen, als auch eins der 5 verschiedenen Programme nutzen, darunter Smoothie-, Eis-, Suppen-, Pürier- und Reinigungsprogramm. Der Behälter fasst 2 Liter und ist BPA-frei (Bisphenol A). Wer nur hin und wieder einen Mixer braucht, der findet viele preiswerte Alternativen. Bei einem regelmäßigen Gebrauch lohnt sich die Anschaffung des Vitamix auf jeden Fall. Der Vitamix hat 7 Jahre Garantie. Mehr Informationen dazu finden sich auch auf unserer Homepage.

Cook it - Keramikgeschirr

Keramikpfannen und Keramiktöpfe eignen sich deswegen besonders gut, da Speisen beim Anbraten nur geringfügig an der Pfannenoberfläche anhaften. Gerade wenn man wenig oder gar kein Öl verwendet, ist eine Keramikbeschichtung sehr empfehlenswert. Sie erleichtert besonders schonendes Kochen und Braten.

Dabei gibt es von Brat-, Schmor- und Wok-pfannen auch verschiedene Keramiktöpfe. Sie sind pflegeleicht und robust. Auch scharfes Anbraten ist gut möglich, denn die Keramikbeschichtung ist bis 400 °C hitzebeständig. Wenn man die Speisereste aus der Pfanne schabt, entstehen nur geringfügige Abnutzungsspuren.

Bei qualitativ hochwertigen Pfannen ist die Beschichtung frei von PFOA (Perfluoroctansäure), sehr oft Teil von Antihaftbeschichtungen. PFOA wird nachgesagt, dass sie toxisch oder sogar krebserregend sein soll.

Basics und Dinge, die wir immer dahaben

Als Milchalternative haben sich für uns besonders Reismilch und Reis-Kokos-Milch bewährt. Sie sind nicht nur fettarm, sondern passen geschmacklich auch gut zu Shakes, als Kokosmilchersatz oder in Süßspeisen. Vegane Sahnealternativen gibt es mittlerweile zur Genüge, doch fettarm sind die wenigsten.

Eine gute Salzalternative ist Tamarisauce, sie verleiht nicht nur asiatischen Gerichten eine besondere Würze.

Ein weiteres Basic ist die Gemüsebrühe ohne Hefe (z. B. von Rapunzel). Sie ist fettarm und enthält im Gegensatz zu den meisten Gemüsebrühen keine Hefezusätze. Hefeextrakt ist eine Umschreibung für einen Geschmacksverstärker.

Salate
knackfrisch vegan

Es ist längst kein Geheimnis mehr, dass tierisches Protein den Cholesterinspiegel ansteigen lässt und zwar unabhängig davon, ob es sich um fettiges Fleisch handelt, oder um fettarme Light-Produkte.

Folgende Tatsache klingt erschreckend, aber die Todesursache Nummer eins in den westlichen Gesellschaften ist zu beinahe 100% vermeidbar, es geht um den Herzinfarkt.

Die gesundheitlichen Vorteile von pflanzlicher, veganer Kost sind sehr gut im China-Cornell-Oxford-Project, auch China Study genannt, zusammengefasst. Die China Study sollte sich jeder durchlesen, der sich nicht sicher ist, ob der Verzicht auf tierische Lebensmittel gesund ist. Die Studie belegt auch, dass es in Bevölkerungsgruppen, die lebenslang pflanzliche Produkte verzehren, praktisch keine Herzinfarkte gibt. Dies gilt auch für andere Zivilisationskrankheiten.

Du bist, was du isst, heißt es. Das, was wir heute essen, ist im übertragenen Sinne unsere Altersvorsorge. Eine rein pflanzliche, vegane Ernährung ist nicht nur Teil der ethisch besten Lebensweise, sondern auch die gesündeste. Wir sorgen uns um unsere Gesundheit, um die Umwelt und die Tiere. Vegan ist nicht umsonst gerade sehr hoch im Kurs! Go vegan!

Fitnesssalat

ZUTATEN

100 g roter Quinoa
300 ml Gemüsebrühe
1 EL Tamari
1 TL Agavendicksaft
150 g Feldsalat
1 Glas Kichererbsen
   (Abtropfgewicht 240 g)
1 Glas Kapern
   (Abtropfgewicht 90 g)
1–2 Orangen

Für das Dressing:
2 getrocknete Feigen
Saft von 1 Orange
1 TL mittelscharfer Senf

▶ Quinoa waschen, abtropfen lassen und mit Gemüsebrühe, Tamari und Agavendicksaft in einem Topf zum Kochen bringen. Anschließend bei niedriger Temperatur so lange köcheln lassen, bis die Flüssigkeit verschwunden ist. Gelegentlich umrühren.

▶ Den Feldsalat waschen und abtropfen lassen. Die Kichererbsen und die Kapern in einem Sieb so lange waschen, bis sich kein Schaum mehr bildet. Ebenfalls abtropfen lassen. Die Orangen schälen, in Stücke schneiden und beiseitestellen.

▶ Für das Dressing die Feigen vom Stiel trennen, in grobe Stücke schneiden und zusammen mit dem Orangensaft, 100 ml Wasser und dem Senf im Mixer zu einem cremigen Dressing verarbeiten.

▶ Kichererbsen, Kapern und Quinoa mischen und ca. 5 Minuten abkühlen lassen. Den Feldsalat in Schüsseln oder tiefen Tellern zu einem Nest auslegen. Die Quinoamischung gleichmäßig in die Mitte der Nester verteilen. Die Orangenstücke hinzufügen. Den Salat mit dem Dressing beträufeln, anrichten und genießen.

Nährwerte insgesamt	
kcal	985
Carbs	186 g
Protein	40 g
Fett	15 g

Nährwerte insgesamt	
kcal	1347
Carbs	295 g
Protein	31 g
Fett	12 g

Spring Rolls Vietnam

▶ Die Kohlrabi schälen, in ca. 1 cm dicke, lange Stifte schneiden und in einem Topf mit Wasser bissfest garen. Die Reisnudeln nach Packungsanweisung zubereiten. Kohlrabi und Nudeln abtropfen und beiseitestellen.

▶ Die Karotten mit einem V-Hobel in feine Stifte hobeln. Die Paprika entkernen, vierteln und in dünne Scheiben schneiden. Die Blätter des Eisbergsalates vorsichtig ablösen, waschen und abtropfen lassen.

▶ Für eine Frühlingsrolle jeweils 1 Blatt Reispapier für ca. 20–30 Sekunden in Wasser legen. Anschließend auf ein rundes Brett legen, noch bevor das Papier beginnt weich zu werden. Ein Stück Reispapier am unteren Ende des Brettes überstehen lassen, sodass es später besser gerollt werden kann. Jetzt im unteren Drittel des Reispapiers zuerst etwas Eisbergsalat, darauf 1–2 EL der Nudeln, dann Karottenstifte, Paprikascheiben und Kohlrabi platzieren. Mit 2–3 Thai-Basilikum-Blättchen abschließen. Links und rechts vom Füllgut sollte noch Platz frei bleiben, um das Papier beim Rollen einschlagen zu können. Nun das überstehende Ende des Reispapiers über die Füllung schlagen und eine Rolle formen. Während des Rollens die Seiten zur Mitte der Rolle hin immer wieder einschlagen.

▶ Für den Salat den Chicorée waschen, fein schneiden und zusammen mit den restlichen Karottenstiften sowie Kresse, Reissahne, Zitronensaft, Tamari und Agavendicksaft mischen. Den Salat zusammen mit den Spring Rolls und dem Sweet Chili Dip servieren.

ZUTATEN

Für die Frühlingsrollen:
1–2 Kohlrabi (ca. 300 g)
200 g Biffun (Reisnudeln)
200 g Karotten
1 gelbe Paprika
1 Kopf Eisbergsalat
1 Packung runde Reispapier-
    blätter (22 cm)
Thai-Basilikum nach Geschmack
Sweet Chili Dip nach Geschmack

Für den Salat:
300 g Chicorée
Karottenstifte
    (Rest von den Rollen)
1 Schale frische Kresse
2 EL Reissahne
Saft von ½ Zitrone
1 EL Tamari
1 EL Agavendicksaft

So kommt Geschmack auf den Teller

Fett und Alkohol sind die bekanntesten Geschmacksträger. Weitere Hilfsmittel, um die Aromen im Essen zu verstärken sind Salze und Geschmacksverstärker wie Glutamat oder Hefeextrakt. Wie aber bringt man Geschmack in das Essen, ohne zu viel Fett, Alkohol, übermäßig Salz oder Geschmacksverstärker verwenden zu müssen?

Für ein gutes Aroma sind zunächst frische und hochwertige Lebensmittel essenziell. In der Regel sind das biologisch angebaute Produkte, Gemüse vom Markt, aus dem eigenen Garten oder frisch vom Bauern.

Dazu kommen frische Küchenkräuter. Petersilie, Schnittlauch, Kresse, Basilikum, Dill, und Minze sollten zu einer guten Grundausstattung in jeder Küche gehören. Auch sehr wichtig sind die richtigen Gewürze. Hier sollte man Wert auf Qualität legen. Zusätzlich zu diesen drei Punkten kann man seine Gerichte mit natürlichen Geschmacksverstärkern aufwerten:

Lauchgewächse

Lauch, Zwiebeln, Schalotten, Frühlingszwiebeln, Schnittlauch und Knoblauch verleihen durch die darin enthaltenen Lauchöle und schwefelhaltigen Verbindungen einen würzigen Geschmack. Anstatt Knoblauch ist Bärlauch eine gute Alternative.

Ingwer

Diese Wurzelknolle ist nicht nur sehr schmackhaft und ein beliebtes Gewürz. Im asiatischen und indischen Raum wird sie seit Jahrtausenden als Heilmittel verwendet. Ingwer wirkt unter anderem verdauungsfördernd, hat antioxidative Eigenschaften, ist entzündungshemmend und schmerzlindernd. Zur Familie der Ingwergewächse gehört auch Kurkuma. Beide sind frisch oder in Pulverform erhältlich.

Zitrusfrüchte

Der Saft von Zitrusfrüchten verstärkt Aromastoffe und aktiviert das saure Geschmackszentrum auf der Zunge. Dadurch schmeckt ein Gericht vollmundiger.

Sojasauce / Tamari / Miso

Diese Produkte haben durch die Fermentation einen speziellen, rauchigen Geschmack. Sie wirken wie ein natürlicher Geschmacksverstärker und können die Zugabe von Salz ersetzen.

Süßungsmittel
Durch die dezente Zugabe von Süßungsmitteln rundet man den Geschmack durch die Aktivierung des süßen Geschmackszentrums auf der Zunge ab.

Kombu Dashi
Die Gemüsebrühe Japans – so könnte man diese würzige Flüssigkeit nennen. Kombu Dashi wird in Japan traditionell für die Zubereitung rein pflanzlicher Gerichte verwendet.

Für ½ Liter:
1 getrocknetes Blatt Kombu Algen
2 kleine bis mittelgroße, getrocknete Shiitake Pilze
500 ml Wasser

Algen und Pilze im Wasser über Nacht ziehen lassen. Am nächsten Tag Algen und Pilze aus dem Wasser nehmen, die Flüssigkeit in ein Gefäß abfüllen und im Kühlschrank lagern. Dort ist die Kombu Dashi etwa 1 Woche haltbar. Pilze und Algen können zur Zubereitung anderer Gerichte am selben Tag noch verwendet werden.

Gemüsebrühe
Selbstgemachte Brühe ist ein ausgezeichnetes Würzmittel. Aus ihr lassen sich auch leckere, fettfreie Saucen zubereiten.

Für 1 Liter:
2 Lorbeerblätter
1 TL schwarze Pfefferkörner
1 TL Kreuzkümmelsamen
3 Gewürznelken
10 g frischer Ingwer
½ Bund frische Petersilie

1–2 kleine Stängel oder ½ TL getrockneter Thymian
1–2 Zweige oder ½ TL getrockneter Rosmarin
2 TL getrockneter Bärlauch
1 Zwiebel mit Schale (ca. 100 g)
100 g Champignons
80 g Lauch
150 g Karotten
80 g Knollensellerie
160 g Pastinaken
150 g Tomaten
100 g Stangensellerie
80 g Fenchel
1,5–2 l Wasser

Gewürze und Kräuter auf dem Boden eines großen Topfes verteilen. Zwiebel ungeschält halbieren, Pilze vierteln, den Lauch in Scheiben schneiden und über den Kräutern und Gewürzen verteilen. Das restliche Gemüse waschen, grob zerteilen und ebenfalls in den Topf geben.
Bei mittlerer bis starker Hitze das Gemüse und die Kräuter anrösten. Sobald die Kräuter zu duften beginnen, mit einem Kochlöffel alles durchmengen und kurz weiter anrösten. Anschließend mit dem Wasser ablöschen, zum Kochen bringen und bei niedriger Temperatur zugedeckt 1 Stunde köcheln lassen. Währenddessen gelegentlich umrühren. Nach der Kochzeit das grobe Gemüse herausfischen, die Suppe durch ein Sieb gießen und in eine Flasche abfüllen. Die Gemüsebrühe abkühlen lassen und im Kühlschrank lagern.

Hirse-Tabouleh

ZUTATEN

200 g feinkörnige Hirse
20 g Kürbiskerne
1 Gurke
1 Paprika
3 Tomaten
3 frische Feigen
3 Frühlingszwiebeln
ca. 5 g frischer Dill
ca. 10 g frische Petersilie
ca. 10 Blätter frische Minze

Für das Dressing:
250 g Sojajoghurt natur
Saft von ½ Zitrone
1 EL Agavendicksaft
1 TL Tomatenmark
½ TL edelsüßes Paprikapulver
1 Tls Knoblauch-Granulat
Kräutersalz nach Geschmack

▶ Die Hirse in einem Sieb waschen, abtropfen lassen und mit der doppelten Menge Wasser (400 ml) aufkochen. Anschließend bei niedriger Temperatur so lange köcheln, bis das Wasser nahezu verschwunden ist. Hirse vom Herd nehmen, durchmengen und etwas nachziehen lassen.

▶ Die Kürbiskerne in einer beschichteten Pfanne unter häufigem Wenden ohne Fett rösten. Anschließend grob fein hacken.

▶ Gurke, Tomaten und Feigen waschen, putzen und klein würfeln. Die Frühlingszwiebeln waschen, putzen und in Scheiben schneiden. Die Kräuter waschen und fein hacken.

▶ Alle Zutaten für das Dressing mit einem Schneebesen gut vermengen. Hirse, Gemüse, Kräuter und Dressing in einer Schüssel vermischen. Mit den Kürbiskernen bestreut servieren.

Unser Tipp

Dieses Gericht eignet sich super zum Mitnehmen, sofern man das Dressing separat aufbewahrt.

Nährwerte insgesamt	
kcal	1200
Carbs	204 g
Protein	44 g
Fett	25 g

Unser Tipp

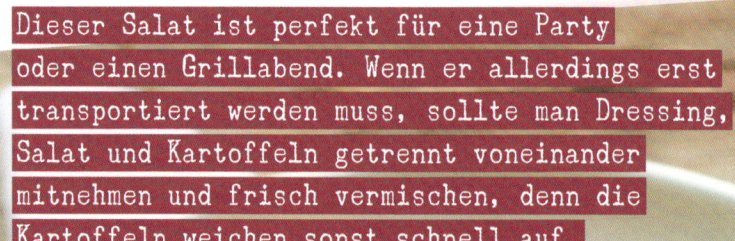

Dieser Salat ist perfekt für eine Party oder einen Grillabend. Wenn er allerdings erst transportiert werden muss, sollte man Dressing, Salat und Kartoffeln getrennt voneinander mitnehmen und frisch vermischen, denn die Kartoffeln weichen sonst schnell auf.

Nährwerte insgesamt	
kcal	1113
Carbs	243 g
Protein	28 g
Fett	11 g

Country-Potato-Party-Salad

▶ Den Backofen auf 180 °C Umluft vorheizen. Die Kartoffeln waschen und in Wedges schneiden. Getrocknete Kräuter, Pfeffer, Agavendicksaft, Tamari und Zitronensaft mischen und zu den Kartoffeln geben. Gegebenenfalls mit den Händen durchmischen, sodass alle Kartoffeln gut mariniert sind. Die Kartoffeln 20–25 Min. im Ofen backen.

▶ Für den Salat den Kopfsalat und den Feldsalat waschen und in mundgerechte Stücke zupfen. Paprika und Kirschtomaten waschen und klein schneiden. Die Frühlingszwiebel waschen, putzen und in dünne Scheiben schneiden. Den Mais abtropfen lassen. Alle Zutaten in einer Schüssel vermischen.

▶ Für das Dressing den Schnittlauch in Röllchen schneiden und zusammen mit den restlichen Zutaten mischen. Die gegarten Kartoffeln und das Dressing unter den Salat heben.

ZUTATEN

Für die Kartoffeln:
650 g Kartoffeln
2 TL getrockneter Rosmarin
1 TL getrockneter Basilikum
1 TL getrockneter Bärlauch
1 Prise bunter Pfeffer
1 EL Agavendicksaft
1 EL Tamari/Sojasauce
Saft von ½ Zitrone

Für den Salat:
125 g Kopfsalat
75 g Feldsalat
180 g rote Paprika
150 g Kirschtomaten
1 Frühlingszwiebel
1 Glas Zuckermais
    (Abtropfgewicht 300 g)

Für das Dressing:
Schnittlauch nach Geschmack
70 g Reissahne
15 ml Apfel-Balsamico
½ TL Gemüsebrühe
1 TL Agavendicksaft
Saft von ½ Zitrone

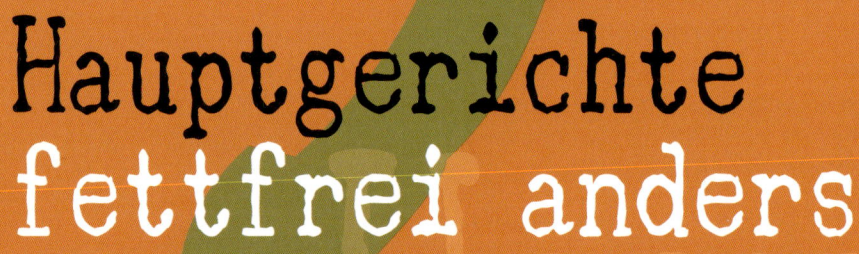

Hauptgerichte
fettfrei anders

2

Anstatt beim Braten oder Dünsten mit Öl, Butter oder anderen Fetten zu arbeiten, gibt es auch noch eine fettfreie Alternative. Alles, was man dazu braucht, ist gut beschichtetes Kochgeschirr wie beispielsweise Keramikpfannen. Die Vorgehensweise ist ganz einfach: Beim Andünsten von Zwiebeln und Knoblauch kann man anstelle von Fett entweder Wasser, Gemüsebrühe oder auch Tee verwenden. Gemüsebrühe in Pulverform ist hier sehr gut geeignet. Diese lässt sich schnell auch in kaltem Wasser anrühren. Das Ganze funktioniert auch beim Braten und Dünsten von größerem Gemüse in der Pfanne, im Topf oder im Wok.

Der Trick bei der Sache ist es, die richtige Menge Flüssigkeit zu verwenden. Die Flüssigkeit soll nicht zu schnell verdunsten und zugleich die Hitze nicht zu weit herabsetzen, sodass der Vorgang ins Kochen übergehen würde. Deshalb empfiehlt es sich, bei mittlerer Temperatur mit weniger Flüssigkeit zu beginnen und dann nachzugießen. Bei dieser Variante sollte man das Bratgut im verwendeten Kochgeschirr in Bewegung halten, sodass sich die Flüssigkeit gut verteilen kann. Ein Deckel ist bei dieser Art der Zubereitung sehr hilfreich, denn zugedeckt verdunstet die Flüssigkeit nicht so schnell.

Paella vegana

FÜR 2–3 PERSONEN

ZUTATEN

4 Schalotten
2 Knoblauchzehen
100 g Karotten
1 gelbe Paprika
1 rote oder grüne Paprika
2 Tomaten
1 leicht bedeckter TL Safran-
    fäden (ca. 0,2 g)
500 ml Gemüsebrühe
200 g Risottoreis
200 g tiefgefrorene Erbsen
1 TL edelsüßes Paprikapulver
1 Tls Kurkuma, gemahlen
2 EL Tamari
1 TL Agavendicksaft
Kalamata-Oliven nach
    Geschmack
Zitronen nach Geschmack
frische Petersilie nach
    Geschmack
Pfeffer, schwarz aus der Mühle
    nach Geschmack

▶ Schalotten und Knoblauch abziehen und klein schneiden. Die Karotten klein würfeln. Die Paprika waschen, putzen und in mittelgroße Stücke schneiden. Die Tomaten für ca. 30–60 Sekunden in kochend heißes Wasser legen. Tomaten anschließend häuten und in Würfel schneiden. Den Safran mit 2 EL der Gemüsebrühe in einer Tasse übergießen und ziehen lassen.

▶ In einer großen beschichteten Pfanne Knoblauch und Schalotten zusammen mit einem Schluck der Brühe andünsten. Den Reis, die Paprika, die Tomaten, die Karotten und die tiefgefrorenen Erbsen hinzufügen und 3–4 Minuten dünsten. Dabei gut durchmengen. Während dieses Vorgangs die Gewürze, den Safran samt Einweichflüssigkeit, Tamari und Agavendicksaft hinzufügen. Mit der restlichen Gemüsebrühe aufgießen und bei niedriger bis mittlerer Temperatur ca. 20–25 Minuten zugedeckt köcheln lassen. Gelegentlich vorsichtig umrühren, durchmengen und den Flüssigkeitsstand kontrollieren. Sobald die Flüssigkeit vollkommen verschwunden ist, die Pfanne vom Herd nehmen und weitere 5–10 Minuten ziehen lassen.

▶ Die Oliven in Scheiben schneiden. Zitronen in Spalten schneiden und die Petersilie fein hacken. Die Paella mit der Petersilie und den Olivenscheiben garnieren und zusammen mit den Zitronenspalten servieren. Diese werden entweder über der Paella ausgedrückt oder so dazu gegessen. Schwarzen Pfeffer nach Geschmack frisch darübermahlen.

Nährwerte insgesamt	
kcal	1244
Carbs	261 g
Protein	34 g
Fett	8 g

Crespelle Pomodoro

FÜR 6 STÜCK

ZUTATEN

Für die Pfannkuchen:
200 g Maismehl
100 g Buchweizenmehl
1 Tls Kurkuma, gemahlen
1 Prise Salz
350 ml Mineralwasser
    mit Kohlensäure
300 ml Sojamilch natur

Für die Füllung:
30 g getrocknete Tomaten
300 g bunter Mangold
150 g Topinambur
1 Glas weiße Bohnen
    (Abtropfgewicht 240 g)
Kräutersalz nach Geschmack
100 g Reissahne
10 Blätter Basilikum
Pfeffer, schwarz nach Geschmack

Für die Sauce:
1 rote Zwiebel
1 Knoblauchzehe
100 ml Kochwasser vom
    Topinambur
1 TL Agavendicksaft
1 TL getrockneter Basilikum
1 TL getrockneter Majoran
1 Dose stückige Tomaten (400 g)
Pfeffer, schwarz nach Geschmack
Meersalz nach Geschmack

Nährwerte insgesamt	
kcal	2114
Carbs	395 g
Protein	76 g
Fett	37 g

Unser Tipp

Sollten sich die Pfannkuchen schwer aus der Pfanne lösen lassen, kann es helfen, bei den ersten Pfannkuchen die Pfanne mit ein wenig Pflanzen- butter (Alsan) auszustreichen.

▶ Für die Pfannkuchen beide Mehlsorten in eine Schüssel sieben. Kurkuma, Salz, Mineralwasser und Sojamilch zugeben und mit einem Schneebesen zu einem feinen Teig verrühren. In einer gut beschichteten Pfanne bei mittlerer Temperatur jeweils eine Schöpfkelle des Teigs gleich- mäßig verteilen und pro Seite etwa 2 Minuten backen, dann vorsichtig wenden.

▶ Für die Füllung die getrockneten Tomaten in Wasser einweichen. Die Mangoldblätter von den Stielen trennen. Die Stiele in dünne Scheiben schneiden und beiseite- stellen. Die Mangoldblätter waschen und in einen mit Wasser gefüllten Topf geben. Das Wasser bis kurz vor den Siedepunkt erhitzen, die Temperatur reduzieren und die Mangoldblätter 10 Minuten ziehen lassen. Gelegentlich umrühren. Dann herausnehmen und abtropfen lassen.

▶ Den Topinambur waschen, klein würfeln und in einen Topf mit Wasser geben. Die getrockneten Tomaten abtrop- fen, klein schneiden, zugeben und bissfest garen. Danach abgießen und 100 ml des Kochwassers auffangen.

▶ Bohnen in einem Sieb abtropfen lassen und abspülen. Bohnen, Kräutersalz und Reissahne mit einem Pürierstab zu einer Creme verarbeiten. Die Basilikumblätter fein hacken und zusammen mit dem Pfeffer unterheben.

▶ Für die Sauce Zwiebel und Knoblauch abziehen und fein hacken. Mit den Mangoldstielen und dem aufgefangenen Kochwasser in einem Topf andünsten. Den Agaven- dicksaft, die Kräuter und die Tomatenstücke hinzufügen, zum Kochen bringen und bei mittlerer Temperatur etwa 5 Minuten köcheln lassen. Mit Pfeffer und Salz abschmecken.

▶ Jeweils 1 Pfannkuchen mit 1–2 Mangoldblättern belegen. Im unteren Drittel 1–2 EL der Bohnencreme gleichmäßig auftragen. Darüber etwas von der Topinambur-Tomaten- Mischung verteilen. Das untere Ende des Pfannkuchens umschlagen, sodass die Füllung gut bedeckt ist und den Pfannkuchen aufrollen. Die Crespelle mit der Sauce auf Tellern anrichten und servieren.

Unser Tipp

Das Gericht schmeckt mit frischem Brot am besten.

Nährwerte insgesamt	
kcal	1120
Carbs	257 g
Protein	30 g
Fett	3 g

Kartoffel-Tomaten-Casseruola

FÜR 2 PERSONEN

▶ Die Kartoffeln waschen, putzen und diagonal halbieren. Die Fleischtomaten waschen, vom Stielansatz befreien und in Scheiben schneiden. Zwiebeln und Knoblauch abziehen.

▶ Die Zwiebeln in grobe Stücke schneiden und den Knoblauch fein hacken. Die Gemüsebrühe mit dem Tomatenmark verrühren.

▶ Zwiebeln, Knoblauch, getrocknete Kräuter und den frischen Rosmarin in einen großen Topf geben und mit etwas Brühe andünsten. Die Tomatenscheiben darüber verteilen und den Zimt drüberstreuen. Mit der Gemüsebrühe ablöschen und die Kartoffeln dazugeben. Aufkochen lassen und bei niedriger Temperatur und geschlossenem Deckel etwa 40 Minuten schmoren lassen, bis die Kartoffeln gar sind. Gelegentlich umrühren.

ZUTATEN

1 kg kleine, fest kochende Kartoffeln
500 g Fleischtomaten
2 rote Zwiebeln
2 Knoblauchzehen
300 ml Gemüsebrühe
2 TL Tomatenmark
1 TL getrockneter Oregano
1 TL getrockneter Basilikum
1 Tls Ceylon-Zimt, gemahlen
1 frischer Rosmarinzweig
1 Dose stückige Tomaten (400 g)
Pfeffer, schwarz aus der Mühle nach Geschmack
Salz nach Geschmack

Pasta con due Salsa

FÜR JEWEILS CA. 500 GRAMM SAUCE

ZUTATEN

Für die Paprika-Süßkartoffel-Salsa:

1 Süßkartoffel (ca. 300 g)
1 rote Zwiebel
1 Knoblauchzehe
1 rote Paprika (ca. 150 g)
1 EL Hefeflocken
Salz nach Geschmack
Pfeffer, weiß aus der Mühle
  nach Geschmack
Petersilie nach Geschmack

Für die Tomaten-Kirsch-Salsa:

1 rote Zwiebel
1 Schluck Gemüsebrühe
150 g Tomaten
250 g Süßkirschen aus dem Glas
50 g Tomatenmark
Pfeffer, bunt aus der Mühle
  nach Geschmack
Salz nach Geschmack
frisches Basilikum nach
  Geschmack

▶ Für die **Paprika-Süßkartoffel-Salsa** die Süßkartoffel gründlich waschen (nicht schälen), grob würfeln und in einem Topf mit Wasser bedeckt zum Kochen bringen und 5 Minuten kochen lassen. Die Kartoffelstücke abtropfen, dabei das Kochwasser (200−350 ml) auffangen.

▶ Zwiebel und Knoblauch abziehen, fein hacken und mit wenig aufgefangenem Kartoffelwasser 1−2 Minuten glasig andünsten.

▶ Die Paprika waschen und entkernen. Kartoffelstücke, Paprika, Zwiebel-Knoblauch-Mischung und die Hefeflocken zu einer feinen Sauce pürieren. So viel Kartoffelwasser zugeben, bis die gewünschte Konsistenz erreicht ist. Anschließend mit Salz und Pfeffer abschmecken. Die Sauce gegebenenfalls in einem Topf erwärmen und mit frisch geschnittener Petersilie zur Pasta geben.

▶ Für die **Tomaten-Kirsch-Salsa** die Zwiebel abziehen, klein schneiden und mit der Gemüsebrühe in einem Topf glasig andünsten.

▶ Die Tomaten waschen und vom Stielansatz befreien. Tomaten, Zwiebeln, Kirschen und Tomatenmark im Mixer zu einer cremigen Sauce verarbeiten. Anschließend mit Pfeffer und Salz abschmecken. Die Sauce in den Topf geben und kurz aufkochen lassen. Die Salsa mit frisch geschnittenem Basilikum zur Pasta servieren.

Nährwerte insgesamt	
kcal	244
Carbs	54 g
Protein	7 g
Fett	1 g

Nährwerte insgesamt	
kcal	343
Carbs	79 g
Protein	8 g
Fett	1 g

Unser Tipp

Rote Zwiebeln enthalten zweimal so viel
Antioxidantien wie herkömmliche Zwiebeln.
Sie sind milder im Geschmack und nicht
so scharf wie ihre Artgenossen. Sie haben
entzündungshemmende Eigenschaften und
wirken krebspräventiv. Ein tolles Superfood,
das in keiner Küche fehlen sollte.

Nährwerte insgesamt	
kcal	1025
Carbs	234 g
Protein	27 g
Fett	4 g

Ofengemüse mediterran

FÜR 1 BLECH

▶ Den Backofen auf 180 °C Umluft vorheizen. Die Kartoffeln und die Süßkartoffel schälen und klein würfeln. Zucchini und Aubergine waschen, putzen und ebenfalls würfeln, jedoch nicht so klein wie die Kartoffeln. Zwiebel abziehen und klein schneiden.

▶ Drei Viertel der Tomaten, Agavendicksaft, Salz und das Tomatenmark im Mixer zu einer cremigen Marinade verarbeiten. Dann die Kräuter und den Pfeffer unterheben und zwei Drittel davon mit dem klein geschnittenen Gemüse vermengen.

▶ Die Mischung auf ein mit Backpapier ausgelegtes Blech geben und im vorgeheizten Backofen bei 180 °C ca. 20 Minuten backen.

▶ Paprika entkernen. Die Basilikumblätter in feine Streifen schneiden. Übrige Tomaten und die Paprika klein schneiden. Paprika, Tomaten und Basilikum mit der restlichen Marinade mit dem fertig gebackenem Ofengemüse vermengen und servieren.

ZUTATEN

500 g fest kochende Kartoffeln
1 Süßkartoffel (ca. 300 g)
1 Zucchini (ca. 150 g)
1 Aubergine (ca. 230 g)
1 rote Zwiebel
450 g Tomaten
1 TL Agavendicksaft
Salz nach Geschmack
2 EL Tomatenmark
je 1 TL Rosmarin, Majoran, Bärlauch, Basilikum
Pfeffer, schwarz aus der Mühle nach Geschmack
1 rote Paprika
10 Blätter Basilikum

Zucchini-Funghi-Quinoa

FÜR 2 PERSONEN

ZUTATEN

200 g weißer Quinoa
1 große rote Zwiebel
1 Zucchini (ca. 200 g)
2 Tomaten
200 g Champignons
1 EL Petersilie
250 ml Gemüsebrühe
½ TL edelsüßes Paprikapulver
1 TL getrockneter Majoran
Pfeffer, schwarz aus der Mühle
    nach Geschmack
2 EL Tamari = Sojasouce
1 TL Agavendicksaft
200 g Reis- oder Mandelsahne
2 EL Tomatenmark
Saft von ¼ Zitrone

▶ Quinoa waschen, abtropfen lassen und zusammen mit 400 ml Wasser zum Kochen bringen. Quinoa bei niedriger Temperatur so lange köcheln, bis das gesamte Wasser aufgenommen wurde. Währenddessen gelegentlich umrühren.

▶ Die Zwiebel abziehen, das Gemüse waschen und die Pilze putzen (nicht waschen). Das Gemüse und die Zwiebel klein schneiden, die Pilze in Scheiben schneiden und die Petersilie fein hacken.

▶ Die Zwiebel mit einem Schluck Gemüsebrühe glasig dünsten. Danach im Abstand von 1–2 Minuten die Zucchini, dann die Tomaten und anschließend die Pilze und die restliche Gemüsebrühe zugeben und bei geschlossenem Deckel bissfest garen. Immer wieder Gemüsebrühe nachgießen, wenn diese verdunstet ist. Wenn die Pilze anfangen weich zu werden, Paprikapulver, Majoran, Pfeffer, Tamari, Agavendicksaft, Reissahne, Tomatenmark und Zitronensaft zugeben und gut vermischen. 1–2 Minuten offen köcheln lassen.

▶ Das Zucchini-Pilz-Gemüse mit dem Quinoa anrichten und servieren.

Nährwerte insgesamt	
kcal	1150
Carbs	185 g
Protein	43 g
Fett	30 g

Unser Tipp

Als Topping eignen sich Hefeflocken –
sie sind fettfrei mit einem leichten
Käsegeschmack.

Nährwerte insgesamt	
kcal	1985
Carbs	426 g
Protein	47 g
Fett	19 g

Pizza Speziale

FÜR 1 BLECH ODER 2 RUNDE PIZZEN

▶ Passierte Tomaten, Basilikum, Oregano, Knoblauch und 1 EL Tamari verrühren und beiseitestellen. Champignons und Zucchini in Scheiben schneiden. Den Backofen auf 180 °C Umluft vorheizen.

▶ Die trockenen Zutaten für den Teig mit einem Schneebesen gut vermengen, sodass eine gleichmäßige Mehlmischung entsteht. Die Oliven in klein schneiden und zusammen mit 250 ml Wasser zum Mehl geben. Anschließend aus der Mischung mit den Händen einen Teig kneten.

▶ Den Teig auf einem mit Backpapier belegtem Blech zu einem gleichmäßigem Boden formen. Für runde Pizzen empfiehlt es sich, den Teig zwischen 2 Backpapieren auszurollen und anschließend die Form mit Hilfe eines großen Tellers zurechtzuschneiden. (In beiden Fällen einen Rand formen.)

▶ Den Teig mit Hilfe eines Silikonpinsels mit dem Tomatenmark bestreichen. Danach die passierten Tomaten auftragen und gleichmäßig verteilen. Auf dem Tomatenbelag die Zucchini- und die Pilzscheiben verteilen. Die Pizza 25–30 Minuten bei 180 °C auf mittlerer Schiene backen.

▶ Paprika entkernen und in hauchdünne Streifen schneiden (oder hobeln) und mit 1 EL Tamari und dem Agavendicksaft marinieren. Den Mais in ein Sieb abgießen und abtropfen lassen.

▶ Nach der Backzeit die Pizza mit den Paprikastreifen (ohne Marinade) und dem Mais belegen und servieren.

ZUTATEN

300 g passierte Tomaten
1 TL getrockneter Basilikum
1 TL Oregano
1 Tls Knoblauch-Granulat
2 EL Tamari
4–5 Champignons
1 mittelgroße Zucchini
2–3 EL Tomatenmark
1 rote Paprika
1 TL Agavendicksaft
1 Glas Zuckermais
   (Abtropfgewicht 250 g)

Für den Teig:

250 g Maismehl
100 g Buchweizenmehl
100 g Speisestärke
2 TL Backpulver
10 schwarze Oliven in Lake, entsteint

High Carb oder Low Carb? Diät oder Lifestyle?

Wenn man eine Low-Carb-Diät mit einer High-Carb-Diät vergleicht, dann ist Low Carb eine Trenddiät und High Carb keine eigentliche Diät, sondern vielmehr ein Lifestyle.

Die Low-Carb-Diät

Bei Low Carb liegt der Schwerpunkt darauf, Kohlenhydrate auf ein Mindestmaß zu reduzieren. Der Großteil der täglichen Kalorien besteht aus Protein und Fett. Dadurch wird der Körper in eine Art Notprogramm gezwungen, da unser Gehirn mit Glukose versorgt werden will. Unser Körper ist nämlich in der Lage, Glycerin (aus dem Fettgewebe) und Aminosäuren zu Glukose umzuwandeln. Genau diese Eigenschaft machen sich Low-Carb-Diäten zu Nutze, um überschüssiges Fett zu verbrennen. Studien haben gezeigt, dass man mit einer Low-Carb-Diät generell weniger isst als mit einer kohlenhydratreichen Ernährung. Das liegt daran, dass Fett schneller sättigt. Durch die fehlenden Kohlenhydrate und das Kaloriendefizit wird der Körper dazu gezwungen seine eigenen Fettreserven anzugreifen. Klingt genial. In der Tat kann man mit einer ausgewogenen Low-Carb-Diät kurzfristig gute Resultate erzielen. Langfristig betrachtet ist sie jedoch kontraproduktiv und schädigend für den Stoffwechsel.

Der Haken an der Sache

Dauerhaft im Notprogramm zu fahren bedeutet für unseren Körper eine Menge Stress. Bei der Umwandlung von Fettsäuren zu sog. Ketonkörpern, die zusätzlich zur Energiegewinnung herangezogen werden, kann das Blut übersäuern. Unser Körper versucht die Säuren mit Hilfe von Mineralstoffen zu neutralisieren – in der Regel reichen die über die Nahrung aufgenommenen Mineralstoffe dazu aber nicht aus.

Die körpereigenen Depots in Knochen, Zähnen und der Leber werden herangezogen. Zusätzlich dazu werden die Nieren einer Dauerbelastung ausgesetzt, da beim Abbau von tierischem Protein und Körpereiweiß Harnsäure entsteht, die über die Nieren ausgeschieden wird. Die Gefahren eines Nährstoffmangels und einer Übersäuerung steigen.

Weitere Begleiterscheinungen einer kohlenhydratreduzierten Ernährung über einen längeren Zeitraum können Abgeschlagenheit, Müdigkeit, Leistungsverlust, schlechter Körper- und Mundgeruch und ein ständiger Heißhunger auf Zucker sein. Unser System ist nicht dafür gebaut, dauerhaft große Mengen Fett und Protein als Treibstoff zu verwenden. Das ist ungefähr so, als wenn man einen Dieselmotor anstatt mit Diesel mit Rapsöl oder Heizöl tankt. Er wird zwar laufen, liefert aber nur einen Teil seiner tatsächlichen Leistung. Irgendwann wird der Motor verrußen und kaputt gehen. Der Treibstoff für unseren Körper ist Zucker. Dafür sind wir gebaut!

Dauerhaft abnehmen funktioniert nur mit Essen

Low-Carb-Diäten sind derzeit sehr beliebt. Man liest in Zeitschriften davon oder bekommt von den ersten Abnehmerfolgen der Freunde erzählt. Bei den Stars ist Low Carb nicht nur hoch im Trend, die Prominenz nutzt diesen Hype gerne, um mit Diätprogrammen Geld zu verdienen. Zero Carb und die meisten Low-Carb-Diäten, bei denen mit hohen Kaloriendefiziten gearbeitet wird, grenzen an Körperverletzung. Sie funktionieren nur für kurze Zeiträume. Der typische Jojo-Effekt

ist zu 100 % vorprogrammiert. Besonders Heranwachsende sollten unbedingt die Finger davon lassen. In der Wachstumsphase ist ausreichend Treibstoff essenziell. Unser Körper braucht Kohlenhydrate, um richtig funktionieren zu können. Man kann keine körperliche und geistige Leistung ohne genügend Sprit im Tank erbringen. Eine gute Figur erreicht man nur mit ausreichender, gesunder Ernährung und Training.

Gängige Low-Carb-Diäten sind: Atkins-Diät, Dukan-Diät, Glyx-Diät, Lutz-Diät, New-York-Diät, Paleo-Diät, Strunz-Diät, 10 Weeks Body Change, Weight Watchers.

Der High-Carb-Lifestyle

Das Prinzip ist einfach. In Kombination mit Sport werden dem Körper ausreichend Treibstoff und Nährstoffe in bester Qualität zur Verfügung gestellt. Dadurch ist unser Körper in der Lage optimal zu funktionieren. Durch die Bewegung kommt der Stoffwechsel in Schwung. Die Nährstoffe können besser verarbeitet und transportiert werden. Ausreichende Mengen des richtigen Treibstoffes sorgen dafür, dass keine zusätzlichen Energiereserven (Fett) angelegt werden müssen und immer genügend Leistung zur Verfügung steht. Hochwertige Mikronährstoffe sorgen dafür, dass alle Funktionen in unserem System reibungslos ablaufen können.

Buchweizen Springtime

FÜR 2 PERSONEN

ZUTATEN

180 g geschälter Buchweizen
500 g grüner Spargel
250 g Austernpilze
2 EL Tamari
1 EL Ahornsirup
1 TL getrockneter Basilikum
1 TL getrockneter Bärlauch
1 TL Petersilie, gehackt
1 Tls Ingwerpulver
Pfeffer, schwarz aus der Mühle
    nach Geschmack
Salz nach Geschmack

▶ Den Buchweizen waschen, abtropfen lassen und mit der doppelten Menge Wasser in einem Topf kurz aufkochen. Anschließend bei niedriger Temperatur so lange garen, bis das gesamte Kochwasser aufgenommen wurde. Gelegentlich umrühren.

▶ Den Spargel und die Austernpilze waschen, klein schneiden und mit Tamari, 50 ml Wasser und dem Ahornsirup in einer Keramikpfanne kurz scharf anbraten. Dann die Kräuter und das Ingwerpulver zugeben und bei niedriger Hitze zugedeckt garen. Am Ende der Garzeit das Gemüse mit Pfeffer und Salz abschmecken.

▶ Den Buchweizen nach Geschmack mit schwarzem Pfeffer und Salz würzen. Buchweizen in Tassen füllen und auf den Tellern in Form bringen. Den Spargel und die Pilze dazu servieren.

Nährwerte insgesamt	
kcal	887
Carbs	180 g
Protein	47 g
Fett	8 g

Unser Tipp

Die Taler eignen sich auch hervorragend als Burgerpatty.

Nährwerte insgesamt	
kcal	1300
Carbs	222 g
Protein	62 g
Fett	23 g

Hirsetaler mit Spinat und Joghurtdip

FÜR 16 TALER

▶ Die Hirse waschen, abtropfen lassen und in einem Topf mit der doppelten Menge Wasser aufkochen. So lange bei niedriger Temperatur garen, bis das gesamte Kochwasser aufgenommen wurde.

▶ Die Kichererbsen abtropfen lassen, waschen und zusammen mit der Gemüsebrühe, dem Senf und dem Tomatenmark mit einem Pürierstab oder im Mixer zu einer Creme pürieren. Die Zwiebel abziehen und klein schneiden. Die Kräuter fein hacken. Kichererbsencreme, Zwiebeln, Kräuter und Maismehl mit der Hirse vermengen. Den Teig mit Pfeffer würzen und etwa 10 Minuten ziehen lassen.

▶ Für den Dip Kresse abschneiden, Dill fein hacken und mit den restlichen Zutaten vermengen.

▶ Für den Spinat die getrockneten Tomaten waschen und in Streifen schneiden. Tomaten und Spinat bei niedriger bis mittlerer Temperatur in einem Topf auftauen und anschließend etwa 10 Minuten garen.

▶ Für einen Hirsetaler jeweils 1 gehäuften EL des Teigs in eine vorgeheizte Keramikpfanne (bei mittlerer Temperatur, ohne Fett!) geben und mit dem Löffelrücken zu einer Bulette formen. Auf jeder Seite 3 Minuten zugedeckt braten. Hirsetaler mit Spinat und dem Dip anrichten und servieren.

ZUTATEN

130 g feinkörnige Hirse
170 ml Gemüsebrühe
2 TL mittelscharfer Senf
1 TL Tomatenmark
1 rote, mittelgroße Zwiebel
5 große Blätter Basilikum
3 große Blätter Minze
1 Glas Kichererbsen
    (Abtropfgewicht 230 g)
4 EL Maismehl
Pfeffer, schwarz aus der Mühle
    nach Geschmack

Für den Dip:
1 EL Kresse
1 EL frischer Dill
200 g Sojajoghurt natur
Kräutersalz nach Geschmack
Saft von ½ Zitrone

Für den Spinat:
20 g getrocknete Tomaten
400 g tiefgefrorener Blattspinat
Pfeffer, schwarz aus der Mühle
    nach Geschmack

Buchweizen-Granatapfel mit Spargelcremesauce

FÜR 2 PERSONEN

ZUTATEN

1 große rote Zwiebel
2 TL getrockneter Bärlauch
250 ml warme Gemüsebrühe
200 g geschälter Buchweizen
1 Granatapfel (ca. 350 g)
10 g Petersilie (frisch oder
    tiefgefroren)
Kräutersalz nach Geschmack
600 g Brokkoli (frisch oder
    tiefgefroren)

Für die Spargelcremesauce:
50 g feinkörnige Hirse
1 Glas Spargelköpfe
    (Abtropfgewicht 110 g)
1 EL Zitronensaft
1 Tls Muskatnuss, gemahlen
1 Tls Kurkuma, gemahlen
Pfeffer, weiß aus der Mühle
    nach Geschmack
Kräutersalz

Unser Tipp

Anstatt Granatapfel eignen sich
auch frische Johannisbeeren!

Risotto

Nährwerte insgesamt	
kcal	1245
Carbs	256 g
Protein	57 g
Fett	12 g

▶ Die Zwiebel abziehen und klein schneiden. Zwiebeln, Bärlauch und einen Schluck Gemüsebrühe in einem Topf andünsten. Den Buchweizen zugeben und kurz mit andünsten. Anschließend mit der doppelten Menge Wasser (400 ml) aufgießen, zum Kochen bringen und bei niedriger Temperatur ziehen lassen, bis die Flüssigkeit aufgenommen wurde.

▶ Die Kerne aus dem Granatapfel herauslösen. Dazu vorsichtig einen Deckel vom Granatapfel abschneiden. So werden die Kernkammern sichtbar. Außen entlang an den nun sichtbaren weißen Trennstegen den Granatpfel einschneiden und ihn in Viertel oder Sechstel brechen. (So lassen sich die Kerne ohne Sauerei aus dem Granatapfel lösen.)

▶ Petersilie klein schneiden. Gegen Ende der Garzeit des Buchweizens die Petersilie und die Granatapfelkerne unterheben und mit dem Kräutersalz abschmecken. Von der Herdplatte nehmen und etwas nachziehen lassen.

▶ Den Brokkoli in mundgerechte Stücke teilen und in einem Topf in wenig Wasser bissfest garen.

▶ Für die Spargelcremesauce die Hirse waschen und abtropfen lassen. Die Hirse mit 150 ml Wasser in einem Topf zum Kochen bringen. Anschließend bei niedriger Temperatur garen, bis das Kochwasser aufgenommen ist.

▶ Den Spargel abtropfen lassen. Spargel, gekochte Hirse, restliche Gemüsebrühe, Zitronensaft, Muskat und Kurkuma im Mixer zu einer cremigen Sauce verarbeiten. Mit weißem Pfeffer und Kräutersalz abschmecken.

▶ Den Brokkoli zusammen mit dem Buchweizen-Granatapfel-Risotto und der Sauce anrichten.

Unser Tipp

Vollkorn-Naturreis passt auch hervorragend zu diesem Gericht und ist eine tolle Abwechslung.

Nährwerte insgesamt	
kcal	1024
Carbs	201 g
Protein	28 g
Fett	10 g

Basmatireis mit Farmer-Gemüse

▶ Den Reis waschen, abtropfen lassen und mit der doppelten Menge Wasser zum Kochen bringen und bei niedriger Temperatur ziehen lassen, bis die Flüssigkeit aufgenommen wurde. Anschließend weitere 5 Minuten ziehen lassen. Die Bohnen abtropfen lassen und unter den Reis heben.

▶ Die Blumenkohlröschen in einem Topf mit Wasser bedecken und bissfest garen. Für die Sauce 100 ml Wasser, Reissahne, Senf, Agavendicksaft, Tamari und Buchweizenmehl mit dem Schneebesen gründlich verrühren und zum Kochen bringen. Dann die Kräuter unterrühren. Von der Herdplatte nehmen und etwas ziehen lassen. Mit dem weißen Pfeffer abschmecken.

▶ Den Reis zusammen mit dem Blumenkohl und der Sauce anrichten und servieren.

ZUTATEN

200 g Basmatireis
300–400 g Blumenkohlröschen
   (frisch oder tiefgefroren)
1 Glas dicke Bohnen (Abtropfgewicht 240 g)
100 g Reissahne
1 TL Senf
1 TL Agavendicksaft
1 TL Tamari
1 EL Buchweizenmehl
1 TL Dillspitzen
1 TL getrockneter Bärlauch
½ TL getrocknetes Bohnenkraut
Pfeffer, weiß aus der Mühle
   nach Geschmack

Herzhafte Wirsingrouladen

FÜR 12 STÜCK

ZUTATEN

400 g geschälter Buchweizen
1 mittelgroßer Kopf Wirsing
2 rote Zwiebeln
1 Knoblauchzehe
Gemüsebrühe
1 EL frische Petersilie
1 TL getrockneter Majoran
1 ½ TL edelsüßes Paprikapulver
2 ½ EL Maismehl
1 EL Tomatenmark
2 TL mittelscharfer Senf
Pfeffer, schwarz nach Geschmack
Salz nach Geschmack
500 g Rosenkohl (frisch oder
     tiefgefroren)

Für die Sauce:
1 rote Paprika
2 Tomaten
3 Champignons
1 rote Zwiebel
2 EL Tomatenmark
1 TL edelsüßes Paprikapulver
1 TL Kümmel, gemahlen
Pfeffer, schwarz nach Geschmack
Tamari nach Geschmack
2 TL Kartoffelstärke, Mehl oder
     Saucenbinder

Nährwerte insgesamt	
kcal	2069
Carbs	432 g
Protein	92 g
Fett	19 g

▸ Buchweizen waschen und ca. 4 Stunden in 1,5 l Wasser einweichen.

▸ Für die Rouladen 12 schöne Wirsingblätter vorsichtig ablösen und waschen. Wasser in einem Topf aufkochen, den Topf zur Seite nehmen, die Wirsingblätter hineinlegen und nach etwa 10 Minuten wieder herausnehmen. Danach abtropfen und den harten unteren Stielansatz herausschneiden.

▸ Zwiebeln und Knoblauch abziehen, klein schneiden und mit einem Schluck Gemüsebrühe in einem Topf glasig andünsten. Die Petersilie klein schneiden.

▸ Den Backofen auf 180 °C Umluft vorheizen. Den Buchweizen waschen, abtropfen lassen und im Mixer oder in der Küchenmaschine pürieren. Den Teig in eine Schüssel geben. Zwiebeln, Knoblauch, Petersilie, Majoran, Paprikapulver, Maismehl, Tomatenmark, Senf, Salz und Pfeffer hinzufügen und gründlich vermischen.

▸ Pro Wirsingblatt 1–2 EL der Füllmasse auf das erste Drittel der Blattoberseite platzieren, die Spitze um die Füllung schlagen, aufrollen und dabei die Seiten zur Mitte hin einschlagen und zu Ende aufrollen. Die Röllchen mit der sich öffnenden Seite nach unten in eine Auflaufform legen. Die Wirsingrouladen im vorgeheizten Backofen 15 Minuten bei 180 °C backen.

▸ Für die Sauce das Gemüse waschen, putzen, klein schneiden und zusammen mit den anderen Zutaten (bis auf die Stärke) und 750 ml Wasser zum Kochen bringen. Etwa 15 Minuten köcheln lassen. Die Stärke mit wenig kaltem Wasser klümpchenfrei verrühren, die Sauce damit andicken und dann mit dem Pürierstab fein pürieren. Einen Teil der Sauce in die Form geben und mit einem Pinsel die Oberseite der Rouladen mit etwas Sauce einstreichen. Weitere 30 Minuten backen.

▸ Den Rosenkohl bissfest garen. Die Wirsingrouladen auf Teller verteilen und zusammen mit der Sauce und dem Rosenkohl servieren.

Nährwerte insgesamt	
kcal	1612
Carbs	355 g
Protein	41 g
Fett	9 g

Kartoffel-Spargel-Aprikosen-Gemüse mit Meerrettichsauce

FÜR 2 BIS 3 PERSONEN

▶ Die Kartoffeln und den Spargel schälen. Die Kartoffeln würfeln und den Spargel in mundgerechte Stücke schneiden. Die Kartoffeln und den Spargel jeweils in einen Topf geben, mit Wasser bedecken, zum Kochen bringen und bei niedriger Temperatur bissfest garen. Anschließend abtropfen lassen, Kartoffeln und Spargel vermengen und beiseitestellen.

▶ Hirse waschen, abtropfen lassen und in 240 ml Wasser zum Kochen bringen. Bei niedriger Temperatur so lange köcheln, bis die Hirse das Wasser vollkommen aufgenommen hat. Zugedeckt beiseitestellen.

▶ Die Aprikosen abtropfen lassen und würfeln. Die Frühlingszwiebeln waschen und in dünne Scheiben schneiden. Beides zusammen zu den Kartoffeln und dem Spargel geben.

▶ Den Meerrettich schälen. Meerrettich, Hirse und die Reismilch im Mixer zu einer cremigen Sauce verarbeiten. Mit Salz und Pfeffer abschmecken.

▶ Einen Teil der Sauce mit dem Gemüse vermengen. Das Gemüse anrichten, die restliche Meerrettichsauce darüber verteilen und mit etwas frischer Kresse garnieren.

ZUTATEN

1 kg fest kochende Kartoffeln
500 g weißer Spargel
80 g feinkörnige Hirse
300 g Aprikosen aus dem Glas
Frühlingszwiebeln nach
    Geschmack
8 g frischer Meerrettich
300 g Reis-Kokos-Milch
Salz nach Geschmack
Pfeffer, weiß aus der Mühle
    nach Geschmack
frische Kresse nach Geschmack

Gefüllte Paprika mit Pflaumensauce

FÜR 4 STÜCK

ZUTATEN

200 g weißer Quinoa
1 mittelgroße rote Zwiebel
1 Knoblauchzehe
100 g Karotten
60 g getrocknete Cranberries
200 ml Gemüsebrühe
50 g Kichererbsenmehl
½ TL Kala Namak (Schwarzsalz)
1 TL Kurkuma, gemahlen
Pfeffer, schwarz aus der Mühle
   nach Geschmack
4 mittelgroße, rote Paprika
120 g getrocknete Pflaumen
1 TL Ras el hanout

▶ Quinoa waschen, abtropfen lassen, in 400 ml Wasser aufkochen und bei niedriger Temperatur so lange köcheln lassen, bis das Wasser fast ganz aufgenommen wurde. Dann von der Herdplatte nehmen und offen ziehen lassen.

▶ Den Ofen auf 180 °C Umluft vorheizen. Zwiebel und Knoblauch abziehen und fein hacken. Karotten putzen und mit dem V-Hobel in dünne Stifte hobeln. In einer beschichteten Pfanne Zwiebeln, Knoblauch Karottenstifte, Cranberries und einen Schluck Gemüsebrühe 1–2 Minuten andünsten.

▶ Kichererbsenmehl, Kala Namak, Kurkuma, etwas schwarzen Pfeffer und restliche Gemüsebrühe mit einem Schneebesen verrühren. Dann Quinoa und das angedünstete Gemüse unterheben, bis alles gut vermischt ist.

▶ Die Paprika waschen, jeweils den Deckel abschneiden, entkernen und mit der Quinoamischung füllen. Die Deckel wieder auf die Paprika setzen und die Paprikaschoten im heißen Ofen 15–20 Minuten in einer Auflaufform backen.

▶ Die getrockneten Pflaumen im Mixer mit 400 ml Wasser zu einer cremigen Sauce pürieren. Anschließend bei niedriger Geschwindigkeit Ras el hanout hinzufügen.

▶ Die gefüllten Paprikaschoten mit der Sauce anrichten und servieren.

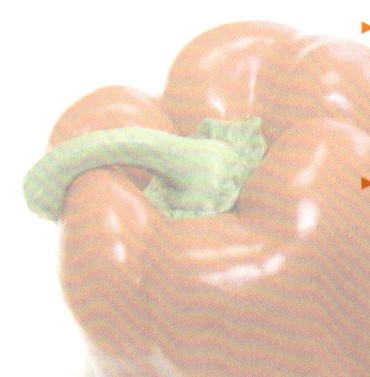

Unser Tipp

Ras el hanout ist eine arabische Gewürzmischung. Man findet sie unter Schubecks Gewürzen oder in türkischen Lebensmittelfachgeschäften.

Nährwerte insgesamt	
kcal	1654
Carbs	343 g
Protein	50 g
Fett	18 g

Nährwerte insgesamt	
kcal	973
Carbs	215 g
Protein	32 g
Fett	8 g

Buchweizenpfanne Birne Royal

FÜR 2 PERSONEN

▶ Den Buchweizen waschen und in 400 ml Wasser aufkochen. Anschließend bei niedriger Temperatur ziehen lassen, bis die Flüssigkeit aufgenommen wurde. Öfter umrühren. Anschließend den Buchweizen mit warmem Wasser in einem Sieb abspülen und abtropfen lassen.

▶ Die Birnen entkernen und in Würfel schneiden. Die Schalotten abziehen und längs durchschneiden. Stangensellerie in Scheiben schneiden. Die Brechbohnen, sollten diese sehr lang sein, halbieren. Den Tee zubereiten und mit dem Gemüsebrühe-Pulver vermischen.

▶ In einer beschichteten Pfanne Schalotten, Sellerie und Brechbohnen mit einem Schluck Tee und dem Agavendicksaft andünsten. Den Bärlauch zugeben. Das Gemüse so lange garen, bis die Bohnen und der Sellerie bissfest gegart sind. Eventuell etwas Tee nachschenken. Kurz vor Ende der Garzeit Birnen, Petersilie und den restlichen Honigbuschtee zugeben. Mit Pfeffer und Kräutersalz abschmecken und fertig garen. Danach zugedeckt beiseitestellen und warm halten.

▶ Den Buchweizen entweder unter das Gemüse heben oder getrennt zusammen mit dem Gemüse anrichten und servieren.

ZUTATEN

200 g geschälter Buchweizen
2 Birnen (ca. 400 g)
2 Schalotten (ca. 80 g)
3 Stangen Stangensellerie
  (ca. 150 g)
150 g tiefgefrorene Brechbohnen
200 ml Honigbuschtee
1 gehäufter TL Gemüsebrühe-
  Pulver
1 TL Agavendicksaft
1 TL getrockneter Bärlauch
2 TL Petersilie, gehackt
Pfeffer, schwarz aus der Mühle
  nach Geschmack
Kräutersalz nach Geschmack

Kartoffel-Lauchcreme-Suppe

ZUTATEN

500 g Kartoffeln
40 g Lauch
250 g Weißkohl
30 g Stangensellerie
1 TL Gemüsebrühe-Pulver
1 Tls Muskatblüte, gemahlen
   (Macis)
Kräutersalz nach Geschmack
Pfeffer nach Geschmack
Schnittlauch nach Geschmack

▶ Die Kartoffeln schälen und grob in Würfel schneiden. Den Lauch, den Weißkohl und den Stangensellerie waschen, putzen und ebenfalls klein schneiden. Alles zusammen mit dem Gemüsebrühe-Pulver und ½ l Wasser in einem Topf zum Kochen bringen und so lange auf mittlerer Temperatur köcheln lassen, bis die Kartoffeln gar sind.

▶ Mit einem Pürierstab die Suppe cremig pürieren. Muskatblüte hinzufügen und mit Kräutersalz und Pfeffer abschmecken. Mit Schnittlauchröllchen dekorieren und servieren.

Unser Tipp

Anstatt Kartoffeln sind auch Süßkartoffeln eine leckere Variante.

Nährwerte insgesamt	
kcal	504
Carbs	117 g
Protein	12 g
Fett	1 g

Tausendsassa Wasser

Mittlerweile hat es sich herumgesprochen, wie wichtig es ist, genügend Wasser zu trinken. Nachdem es nun allbekannt ist, scheint es aber fast schon wieder in Vergessenheit geraten zu sein. Dabei ist es einer der Eckpfeiler für Gesundheit.

Ruft man sich als Vergleich das Bild der Baustelle ins Bewusstsein und stellt sich diese ohne Wasser vor, wird man feststellen, dass man vor einem Problem steht. Die Ziegelsteine werden ohne Zement nicht halten, für dessen Herstellung Wasser benötigt wird. Beton anrühren ohne Wasser? Unmöglich. Die Arbeitskräfte würden ohne Wasserversorgung nach kürzester Zeit ihren Dienst einstellen. So ist das auch in unserem Körper. Wasser ist das verbindende Element. Der Wasseranteil eines erwachsenen Menschen beträgt über 70 Prozent.

Wasser ...

... als Temperaturregler

Unser Körper ist eine Klimaanlage der Extraklasse. Er hält unsere Körpertemperatur konstant zwischen 36 und 37 ˚C, egal ob es draußen plus oder minus 30 ˚C hat. Wenn wir Sport treiben, kühlt der austretende Schweiß durch dessen Verdunstung auf der Haut den arbeitenden Körper. Ebenso dient uns Wasser als Wärmeträger und -speicher, wenn uns kalt ist. Das Wasser verteilt die Körperwärme wie bei einer Zentralheizung im gesamten Organismus.

... als Transportmittel

Wasser funktioniert wie ein Transporter. Es stellt die LKW dar, die die Nährstoffe aus dem Darm abholen und zu den Zellen transportieren. Zugleich nehmen sie die produzierten Abfallprodukte des Stoffwechsels mit und übergeben sie den Ausscheidungsorganen. Wasser hilft den Nieren dabei Schadstoffe zu filtern und abzutransportieren.

... als Regler für den Elektrolythaushalt

Wasser leitet bekanntlich Strom. Damit die Leitfähigkeit und somit die Übertragung von elektrischen Impulsen (Gehirn, Nerven, Organe) in unserem Körper funktionieren kann, muss der Flüssigkeitshaushalt in Ordnung sein.

Wenn Wasser fehlt ...

In der Regel bemerkt man einen Wasser-
mangel erst, wenn es bereits zu spät ist, nämlich dann, wenn man Durst bekommt. Eine
Dehydrierung kann ernsthafte Folgen mit sich
bringen. Der Körper ist so programmiert, stets
alle Funktionen am Laufen zu halten. Hat
man zu wenig freies Wasser im System, greift
er auf gespeichertes Wasser aus dem Blut, der
Lymphflüssigkeit und dem Zellwasser zurück.
Das Blut verdickt sich und die Abläufe im
Körper werden träger. Wie bei einer Maschine,
die nicht geölt wird, läuft nichts mehr rund.
Zu wenig Flüssigkeit im System wirkt sich
negativ auf die Verdauung aus. Zudem wird
die Transportfähigkeit beeinträchtigt und
elektrische Signale können nicht mehr richtig
weitergeleitet werden. Eine Dehydrierung
kann Konzentrationsprobleme, Kopfschmer-
zen, Gefühlsschwankungen, Angstzustände,
Müdigkeit, ein schlechtes Hautbild, Gelenk-
schmerzen, Körpergeruch, Heißhunger und
kalte Gliedmaßen hervorrufen.

Warnsignale
Als Indikator für den Wasserhaushalt eignet
sich am besten der Urin. Eine klare bis leichte
Gelb- oder Grünfärbung ist ein Zeichen für
eine ausreichende Hydration. Gelber bis
dunkler Urin ist ein Zeichen für zu wenig
Wasser im System.

Wie viel Wasser?

Die tägliche Menge Wasser, die man zu sich
nehmen sollte, richtet sich nach dem Körpergewicht, dem Aktivitätslevel, dem man

ausgesetzt ist, und der Umgebungstempe-
ratur. Eine einfache Faustformel lautet: pro
Kilogramm Körpergewicht ungefähr 35 ml
Wasser trinken und für jede Stunde Sport
1 Liter extra.
Beachten sollte man, dass man die gesamte
Flüssigkeit über den ganzen Tag verteilt
trinken sollte. Der Körper kann nämlich nur
ungefähr 200 ml Wasser pro Viertelstunde
aufnehmen. Alles, was darüber hinausgeht,
wird wieder ausgeschieden.

Wasser ist nicht gleich Wasser

Wasser sollte möglichst mineralarm sein. Es
dient dem Körper mehr als Transportmittel
anstatt als Lieferant für Mineralstoffe. Die
im Wasser gelösten Mineralien sind von ihrer
Molekülgröße nämlich viel zu groß, um vom
Körper aufgenommen werden zu können.
Auch der Sauerstoffgehalt im Wasser ist von
Bedeutung. H_2O versorgt das venöse Blut
neben der Atemluft zusätzlich mit Sauerstoff. Oberflächennahes Wasser hat einen
Sauerstoffgehalt von ca. 4–10 mg pro Liter.
Natürliches, mineralarmes, stilles Quellwas-
ser aus Glasflaschen ist eine gute Wahl. Bei
Wasser aus Plastikflaschen gibt es Hinweise
darauf, dass hormonähnliche Substanzen
aus dem Plastik in das Wasser übertragen
werden können. Leitungswasser kann je nach
Herkunft mit Medikamentenrückständen und
Pestiziden verunreinigt sein – jedoch in sehr
geringen Konzentrationen. Die schlechteste
Wahl ist jedoch, gar kein Wasser zu trinken.

Unser Tipp

Frischen Galgant bekommt man im Asialaden.

Nährwerte insgesamt	
kcal	1060
Carbs	226 g
Protein	27 g
Fett	6 g

Red Thai Curry

FÜR 2 PERSONEN

▶ Den Reis waschen, abtropfen und mit der doppelten Menge Wasser aufkochen. Anschließend bei niedriger Temperatur so lange garen, bis der Reis die Flüssigkeit aufgenommen hat.

▶ Die rote Paprika entkernen und zusammen mit den Tomaten, 1 Karotte und der Reismilch in einem Mixer zu einer feinen Sauce verarbeiten.

▶ Zwiebel, Knoblauch, Ingwer und Galgant schälen und fein hacken. Zitronenblätter fein hacken. Pak Choi, gelbe Paprika und Maiskolben waschen, putzen und in mundgerechte Stücke schneiden. Die Karotte in dünne Scheiben schneiden.

▶ Zwiebeln, Knoblauch, Galgant, Ingwer, Zitronenblätter und Kokosraspeln in einer beschichteten Pfanne oder einem Wok mit etwas Wasser andünsten. Die Gewürze zugeben und weiter andünsten. Gegebenenfalls etwas Wasser zugeben. Sobald die Flüssigkeit verdunstet ist, das klein geschnittene Gemüse zugeben und alles gut durchmischen. Dann mit der Sauce aus dem Mixer ablöschen. Etwas Kokosblütenzucker und Tamari unterrühren. Alles zugedeckt bei niedriger bis mittlerer Temperatur bissfest garen (ca. 10 Minuten).

▶ Das Curry zusammen mit dem Reis servieren.

ZUTATEN

200 g weißer Thaibonnet-Reis
1 rote Paprika
2 Tomaten
2 Karotten
150 ml Reis-Kokos-Milch
1 Zwiebel
1 Knoblauchzehe
7 g frischer Ingwer
7 g frischer Galgant
4 Kaffir-Zitronenblätter
2 kleine Pak Choi (ca. 100 g)
1 gelbe Paprika
100 g Baby-Maiskolben
1 TL Kokosraspel
½ TL edelsüßes Paprikapulver
½ TL Kurkuma, gemahlen
1 Tls Kreuzkümmel, gemahlen
Chili, gemahlen nach Geschmack
3 EL Tamari
Kokosblütenzucker
oder 1 EL Agavendicksaft

Pad Tao

FÜR 2 PERSONEN

ZUTATEN

1 gelbe Paprika
150 g Mango
30 g Mungbohnensprossen → gut waschen
40 g Karotte
1 TL getrockneter Bärlauch
Saft von 1 Orange
35 ml Tamari
125 g Shiitake Pilze
60 g Zuckererbsenschoten
1 Frühlingszwiebel
1 TL Agavendicksaft
250 g Thai-Reisnudeln
Pfeffer, schwarz aus der Mühle
    nach Geschmack

▶ Die Paprika waschen, putzen und in dünne, kurze Streifen schneiden. Mango schälen, entkernen und würfeln, die Mungbohnensprossen einmal in der Mitte halbieren und die Karotten in dünne Stifte raspeln. Alles zusammen mit Bärlauch, Orangensaft, 2 EL Wasser und 10 ml Tamari in einer Schüssel vermengen und beiseitestellen.

▶ Shiitake Pilze in Streifen schneiden. Zuckererbsenschoten dritteln, Frühlingszwiebel klein schneiden und zusammen mit der restlichen Tamari und dem Agavendicksaft mischen. Mischung in eine große Keramikpfanne oder einen Wok geben und bei mittlerer Temperatur ca. 2–3 Minuten unter ständigen Wenden scharf anbraten (gegebenenfalls etwas Wasser zugeben). Die marinierte Gemüsemischung hinzufügen, kurz durchmischen, mit schwarzem Pfeffer abschmecken und vom Herd nehmen.

▶ Die Reisnudeln nach Packungsanweisung garen, abtropfen lassen und zusammen mit dem Gemüse anrichten und servieren.

Nährwerte insgesamt	
kcal	1200
Carbs	260 g
Protein	30 g
Fett	11 g

Unser Tipp

Duftreis ist eine schmackhafte
Beilage zu diesem Gericht.

Nährwerte insgesamt	
kcal	750
Carbs	176 g
Protein	13 g
Fett	2 g

Süßkartoffel-Ananas süßsauer-pikant

FÜR 2 PERSONEN

▶ Süßkartoffeln gründlich waschen (nicht schälen), grob würfeln, in einen Topf geben und mit Wasser bedecken. Einmal aufkochen lassen und bei niedriger Temperatur 5 Minuten bissfest garen. Dann abtropfen lassen und dabei das Kochwasser auffangen.

▶ Zwiebel und Knoblauch abziehen und klein schneiden. Paprika waschen, putzen und klein schneiden. Die Kirschtomaten halbieren. Die Ananasstücke abtropfen lassen und dabei den Ananassaft auffangen. Ananasstücke etwas kleiner schneiden, sollten die Stücke zu groß sein. Jeweils 125 ml Ananassaft und Kartoffelwasser mischen.

▶ Zwiebeln und Knoblauch mit einem Schluck Kartoffel-Ananas-Brühe in einer großen, beschichteten Pfanne glasig andünsten. Dann Paprikastücke, danach die Tomaten und Ananasstücke hinzufügen und für jeweils weitere 1–2 Minuten andünsten. Gegebenenfalls etwas Flüssigkeit zugeben.

▶ Buchweizenmehl, Tamari, Zitronensaft, Apfel-Balsamico und Agavendicksaft mit der restlichen Kartoffel-Ananas-Brühe gründlich verrühren. Die Mischung zum Gemüse geben und kurz aufkochen lassen. Die Süßkartoffeln unter das Gemüse heben und servieren.

ZUTATEN

700 g Süßkartoffeln
125 ml Kochwasser der
  Süßkartoffeln
1 rote Zwiebel
1 Knoblauchzehe
1 rote Paprika
100 g Kirschtomaten
1 Glas Ananasstücke
  (Abtropfgewicht 200 g)
125 ml Ananassaft
1 EL Buchweizenmehl
1 EL Tamari
Saft von ½ Zitrone
2 EL Apfel-Balsamico
1 EL Agavendicksaft

Black Suey

FÜR 2 PERSONEN

ZUTATEN

1 mittelgroße, rote Zwiebel
1 Knoblauchzehe
1 cm großes Stück Ingwer
2 Frühlingszwiebeln
1 rote Paprika
1 kleine Zucchini (ca. 100 g)
1 Karotte (ca. 100 g)
200 ml Gemüsebrühe
1 EL Buchweizenmehl
1 TL Agavendicksaft
2 EL Tamari
40 g Mungbohnenkeimlinge
160 g schwarze Reisnudeln

▶ Zwiebel, Knoblauch und Ingwer schälen und fein hacken. Frühlingszwiebeln waschen, putzen und in Ringe schneiden. Paprika waschen, entkernen und in mittelgroße Stücke schneiden. Zucchini waschen und würfeln. Die Karotte waschen und in feine Stifte schneiden.

▶ Zwiebeln, Knoblauch und Ingwer mit einem Schluck der Brühe im Wok glasig andünsten. Das geschnittene Gemüse hinzufügen und zugedeckt bissfest garen. Eventuell etwas Flüssigkeit zugeben.

▶ Das Buchweizenmehl mit der restlichen Brühe mischen und zusammen mit Agavendicksaft und Tamari zum Gemüse geben und aufkochen. Gegen Ende der Garzeit die Mungbohnenkeimlinge hinzufügen und untermischen.

▶ Die Reisnudeln nach Packungsanweisung zubereiten. Die gegarten Nudeln abtropfen lassen, in den Wok geben, mit dem Gemüse vermischen und ein paar Minuten ziehen lassen. Anschließend servieren und genießen.

Unser Tipp

Schwarze Reisnudeln findet man in gut sortierten Bioläden oder beim Asiaten. Für einen noch authentischeren Geschmack kann man die Hälfte der Gemüsebrühe auch durch Kombu Dashi ersetzen.

Nährwerte insgesamt	
kcal	706
Carbs	150 g
Protein	19 g
Fett	7 g

Unser Tipp

Quinoa, auch das Gold der Inka genannt, ist das perfekte Grundnahrungsmittel. Es ist reich an Mikro- und Makronährstoffen. Es hat mehr als doppelt so viel Eisen wie herkömmliches Getreide und ist proteinreich. Quinoa schützt vor Krebs und stärkt das Immunsystem.

Nährwerte insgesamt	
kcal	1102
Carbs	225 g
Protein	48 g
Fett	16 g

Inca Gold

▶ Quinoa waschen, abtropfen lassen und mit der doppelten Menge Wasser aufkochen. Anschließend bei niedriger Temperatur so lange garen, bis das Wasser komplett aufgenommen wurde. Dann ohne Deckel noch etwas nachziehen lassen.

▶ Die Paprika entkernen. Paprika und Zucchini würfeln. Die Schalotten abziehen und vierteln. Den Lauch waschen und in dickere Scheiben schneiden.

▶ Zuerst die Schalotten und den Lauch mit einem Schluck Gemüsebrühe in einer beschichteten Pfanne andünsten. Dann Zucchini und Paprika hinzufügen. Sobald die Gemüsebrühe nahezu verdunstet ist, ungefähr die Hälfte der noch übrigen Brühe zugeben und weitere 3–4 Minuten dünsten.

▶ Den Mais abtropfen lassen und zugeben. Die Gewürze hinzufügen und mit dem Rest der Gemüsebrühe auffüllen. So lange dünsten, bis das Gemüse bissfest gegart ist. Am Ende der Garzeit die Wildpreiselbeeren unterheben. Mit Pfeffer und Kräutersalz würzen. Etwas von der Sauce abnehmen, mit dem Buchweizenmehl zu einem Brei verrühren und diesen gründlich unter das Gemüse rühren, sodass keine Klümpchen entstehen.

▶ Quinoa mit dem Gemüse anrichten und mit frisch gehackter Petersilie garnieren.

ZUTATEN

200 g Quinoa
1 rote Paprika (ca. 250 g)
1 Zucchini (ca. 250 g)
2 Schalotten
40 g Lauch
300 ml Gemüsebrühe
1 Glas süßer Mais
     (Abtropfgewicht 230 g)
1 TL edelsüßes Paprikapulver
1 TL getrockneter Bärlauch
¼ TL Kümmel, gemahlen
2 EL Wildpreiselbeeren
     aus dem Glas
Pfeffer, bunt aus der Mühle
     nach Geschmack
Kräutersalz nach Geschmack
1 TL Buchweizenmehl
frische Petersilie, gehackt

Kubanische Reispfanne

FÜR 2 PERSONEN

ZUTATEN

150 g Basmatireis
1–2 rote Spitzpaprika (ca. 180 g)
2 Tomaten
1 mittelgroße rote Zwiebel
1 Knoblauchzehe
1 Glas Kidneybohnen (Abtropf-
      gewicht ca. 250 g)
20 g Frühlingszwiebeln
200 ml Gemüsebrühe
1 TL getrockneter Oregano
1 TL edelsüßes Paprikapulver
1 EL Tamari
80 g Tomatenmark
frische Petersilie nach
      Geschmack

▶ Den Reis waschen, abtropfen lassen, mit der doppelten Menge Wasser in einem Topf aufkochen und bei niedriger Temperatur so lange köcheln, bis der Reis das Wasser aufgenommen hat. Anschließend noch etwas ziehen lassen.

▶ Paprika entkernen und in kleine bis mittelgroße Stücke schneiden. Die Tomaten 1–2 Minuten in kochend heißes Wasser legen, häuten und würfeln. Zwiebel und Knoblauch abziehen und fein hacken. Die Kidneybohnen waschen und abtropfen lassen. Frühlingszwiebeln klein schneiden.

▶ Zwiebeln und Knoblauch mit einem Schluck Brühe in einer beschichteten Pfanne andünsten. Paprika, Frühlingszwiebeln und einen weiteren Schluck Brühe hinzufügen und 1–2 Minuten zugedeckt dünsten. Dann die Tomatenstücke zugeben und 1 weitere Minute dünsten.

▶ Oregano, Paprikapulver, Tamari, Tomatenmark und die restliche Brühe hinzufügen, alles vermischen und erneut aufkochen. Den Reis und die Bohnen hinzufügen und gut untermischen. Anrichten und mit frisch gehackter Petersilie garnieren.

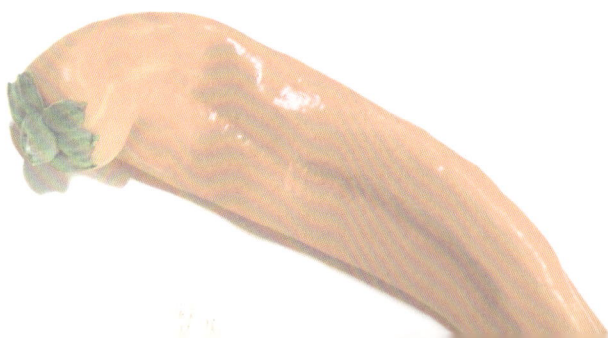

Unser Tipp

Schwarze Bohnen sind eine gelungene Alternative zu Kidneybohnen.

Nährwerte insgesamt	
kcal	1040
Carbs	219 g
Protein	40 g
Fett	5 g

Unser Tipp

Frische Basilikumblätter
eignen sich sehr gut für die
Dekoration.

Nährwerte insgesamt	
kcal	711 kcal
Carbs	166 g
Protein	12 g
Fett	4 g

Exotische Kürbis-Mango-Suppe

FÜR 2 BIS 3 PERSONEN

▶ Kürbis waschen und mit einem Löffel das weiche Innere und die Kerne herauskratzen. Das Kürbisfruchtfleisch grob würfeln. Die Süßkartoffel schälen und in Stücke schneiden. Die Frühlingszwiebeln waschen, putzen und grob zerkleinern.

▶ Kürbis, Kartoffeln und Frühlingszwiebeln in einem Topf mit der Gemüsebrühe zum Kochen bringen. Ingwer schälen. Ingwer und die Zimtstange in den Topf geben. Die Suppe 15 Minuten auf mittlerer Hitze köcheln lassen, bis die Kürbis- und Süßkartoffelwürfel weich sind.

▶ Dann die Zimtstange herausnehmen. Mit Limettensaft, Agavendicksaft, Chili und Pfeffer würzen. Die Mangostücke abtropfen lassen, zur Suppe geben und die Suppe mit einem Pürierstab glatt pürieren. Zuletzt die Reis-Kokos-Milch unterrühren.

ZUTATEN

400 g Hokkaido-Kürbis
1 Süßkartoffel (ca. 350 g)
2 Frühlingszwiebeln
700 ml Gemüsebrühe
5 g Ingwer — > weniger
1 Zimtstange
Saft von ½ Limette
1 EL Agavendicksaft oder
    Apfeldicksaft
(1 Prise Chili)
(Pfeffer nach Geschmack)
1 Dose Mangostücke
    (ca. 250 g Abtropfgewicht)
200 ml Reis-Kokos-Milch

Ananas Karibik

ZUTATEN

200 g weißer Quinoa
500 g frisches Ananasfrucht-
    fleisch
2 Eiertomaten
1 Zucchini (ca. 200 g)
ca. 40 g Lauch
20 g getrocknete Tomaten
250 ml Gemüsebrühe
1 TL Cashewmus
1 TL Zitronensaft
1 EL Hefeflocken
1 Tls Vanillepulver
1 Tls Muskatblüte (Macis)
Pfeffer, weiß aus der Mühle
    nach Geschmack
Salz nach Geschmack

▶ Quinoa waschen und abtropfen lassen. Quinoa mit der doppelten Menge Wasser (400 ml) in einem Topf zum Kochen bringen und anschließend bei niedriger Temperatur so lange garen, bis das Quinoa das Wasser aufgenommen hat. Vom Herd nehmen und etwas ziehen lassen.

▶ Das Ananasfruchtfleisch klein schneiden. Tomaten und Zucchini waschen, putzen und würfeln. Lauch gründlich waschen und in Ringe schneiden. Die getrockneten Tomaten waschen und in dünne Streifen schneiden.

▶ In einer beschichteten Pfanne Lauch, getrocknete Tomaten, Zucchini und etwas Gemüsebrühe zugedeckt andünsten, bis die Zucchini bissfest gegart sind. Gegebenenfalls währenddessen etwas Brühe hinzufügen. Anschließend die Ananas- und Tomatenstücke und den Rest der Brühe zugeben und 1–2 Minuten weitergaren.

▶ Gegen Ende der Garzeit das Cashewmus, den Zitronensaft, die Hefeflocken und die Gewürze zugeben und gut untermischen. Dann Quinoa unterheben und kurz ziehen lassen.

Unser Tipp

Das Gericht ist im Sommer schön
leicht und erfrischend und im Winter
erinnert es an den Sommer!

Nährwerte insgesamt	
kcal	1126
Carbs	218 g
Protein	38 g
Fett	17 g

Nährwerte insgesamt	
kcal	1395
Carbs	270 g
Protein	52 g
Fett	18 g

Tropical Rice Bowl

FÜR 2 PERSONEN

▶ Den Wildreis mit 500 ml Wasser zum Kochen bringen. 5 Minuten offen kochen lassen, danach bei mittlerer Temperatur und mit Deckel zugedeckt ungefähr 40 Minuten köcheln lassen, bis die Flüssigkeit vom Reis aufgenommen wurde und sich etwa die Hälfte der Körner geöffnet haben.

▶ Die Süßkartoffel schälen, in Würfel schneiden und in Wasser etwa 7 Minuten garen.

▶ Die Mangoldblätter vom Stiel trennen und grob schneiden. Die Mangoldstiele würfeln. Die Papaya schälen, entkernen und ebenfalls würfeln. Knoblauch abziehen und fein hacken. Die Kichererbsen waschen und abtropfen lassen.

▶ Die gegarten Süßkartoffeln aus dem Garsud nehmen und beiseitestellen. Dann das Wasser zum Kochen bringen: Zuerst die Mangoldstiele 1 Minute hineingeben, dann die Mangoldblätter hinzufügen und 1 weitere Minute blanchieren. Anschließend Mangold abtropfen lassen und in einer Schüssel mit der Sojasauce marinieren.

▶ In einer beschichteten Pfanne das Kokosöl erhitzen und die Pinienkerne ungefähr 1 Minute goldbraun anrösten. Pinienkerne herausnehmen und beiseitestellen. Kichererbsen, Currypulver und Kreuzkümmel in die Pfanne geben und kurz anbraten. Dann die Süßkartoffeln und den Mangold hinzufügen und nochmals erwärmen.

▶ Alles zusammen in einer Schüssel mit dem Reis und der Papaya vermengen, anrichten und mit den Pinienkernen bestreut servieren. Die Tropical Rice Bowl mit etwas frischem Bärlauch und gehackter Petersilie dekorieren.

ZUTATEN

150 g schwarzer Wildreis
1 Süßkartoffel (ca. 250–300 g)
5 große Blätter Mangold
1 Papaya (ca. 300 g)
1 Knoblauchzehe
1 Glas Kichererbsen
    (Abtropfgewicht 240 g)
1 EL Sojasauce
½ TL Kokosöl
1 EL Pinienkerne
1 TL Currypulver
1 TL Kreuzkümmel
frischer Bärlauch nach
    Geschmack
frische Petersilie nach
    Geschmack

Kartoffel-Topf Mexiko

FÜR 3–4 PERSONEN

ZUTATEN

- 1 kg fest kochende Kartoffeln
- 1 große rote Paprika
- rote Peperoni nach Geschmack
- 4 Tomaten
- 2 rote Zwiebeln
- 2 Knoblauchzehen
- 1 Glas Mais
  (Abtropfgewicht 230 g)
- 1 Glas Kidneybohnen
  (Abtropfgewicht 230 g)
- 500 ml Rooibos-Tee
- 1 TL edelsüßes Paprikapulver
- ½ TL Kümmel, gemahlen
- 1 Glas passierte Tomaten (250 g)
- 2 EL Barbecuesauce
- 2 EL Tamari
- 3 TL Kakaopulver, stark entölt

▶ Die Kartoffeln schälen und würfeln. Paprika und Peperoni entkernen. Die Paprika in mittelgroße Stücke und die Peperoni etwas kleiner schneiden. Die Tomaten 1–2 Minuten in kochend heißes Wasser legen, anschließend häuten und würfeln.

▶ Zwiebeln und Knoblauch abziehen und klein schneiden. Mais und die Kidneybohnen abtropfen lassen, waschen und beiseitestellen. Den Tee zubereiten.

▶ Zwiebeln, Knoblauch und Peperoni mit einem Schluck Tee in einem großen Topf kurz andünsten. Paprikapulver und Kümmel zugeben und andünsten, bis die Gewürze anfangen zu duften. Paprika und Kartoffelwürfel hinzufügen, alles gut vermischen und 1–2 weitere Minuten andünsten. Dann den restlichen Tee und die passierten Tomaten zugeben und zum Kochen bringen. Bei niedriger Temperatur etwa 5 Minuten köcheln lassen.

▶ Die Tomatenwürfel zugeben und 5 Minuten weitergaren. Dann Mais, Bohnen, Barbecuesauce, Tamari und Kakao hinzufügen, gut untermischen und weitere 5 Minuten zu Ende garen. Währenddessen öfter umrühren – die Kartoffeln sollten am Ende noch bissfest sein.

Unser Tipp

Ein Stück Räuchertofu (ca. 100 g) verleiht dem Gericht einen schönen, rauchigen Geschmack und bringt eine Extraportion Eiweiß mit. Den Tofu mit einer Gabel zerdrücken und zu Beginn mit den Zwiebeln zusammen andünsten.

Nährwerte insgesamt	
kcal	1625
Carbs	350 g
Protein	60 g
Fett	9 g

Nährwerte insgesamt	
kcal	1119
Carbs	220 g
Protein	36 g
Fett	14 g

Indian Sunset

FÜR 2 PERSONEN

▶ Für die Gewürzmischung die Gewürze in eine kleine beschichtete Pfanne geben, bei mittlerer Temperatur anrösten und so lange erhitzen (1–2 Minuten), bis sie beginnen zu duften. Damit die Gewürze nicht anbrennen, öfter umrühren. Dann herausnehmen, etwas abkühlen lassen und in einer Mühle (Kaffemühle) mahlen oder in einem Mörser zerstoßen und in einen luftdichten Behälter umfüllen.

▶ Für das Gemüse den Tee zubereiten und mit der Gemüsebrühe mischen. Die Schalotten abziehen und klein schneiden. Rote Bete schälen und in mittelgroße Würfel schneiden.

▶ Schalotten in einem Topf mit einem kleinen Schluck Teebrühe und 1 TL der Gewürzmischung andünsten. Rote Bete hinzufügen, umrühren und mit der Hälfte der restlichen Brühe aufgießen. Zum Kochen bringen und bei niedriger Temperatur so lange köcheln lassen, bis die Rote Bete bissfest gegart ist (ca. 20 Minuten). Gelegentlich umrühren.

▶ Erst Speisestärke, dann das Erdnussmus in die restliche Brühe einrühren. Die Mischung zusammen mit 1 TL der Gewürzmischung zum Gemüse geben, gründlich mischen und einmal kurz aufkochen lassen.

▶ Für die Hirse Schalotte und Ingwer schälen und klein schneiden. Schalotten, Ingwer, Kurkuma, Gemüsebrühe und Hirse in einen Topf geben und gut vermengen. Zum Kochen bringen und bei niedriger Temperatur so lange garen, bis die gesamte Flüssigkeit aufgenommen wurde. Gelegentlich umrühren. Anschließend noch etwas ziehen lassen. Die Hirse zusammen mit dem Gemüse anrichten und servieren.

ZUTATEN

Für die Gewürzmischung:
2 TL Kardamomkapseln
2 TL Kreuzkümmelsamen
4 Nelken
2 TL Blaumohn
1 cm Zimtstange

Für das Gemüse:
200 ml schwarzer Tee
200 ml Gemüsebrühe
3 Schalotten (ca. 80 g)
4 Rote Bete (ca. 600 g)
2 TL Gewürzmischung
1 gehäufter TL Speisestärke
2 TL Erdnussmus

Für die Hirse:
1 Schalotte
2 cm Stück frischer Ingwer
¼ TL Kurkuma, gemahlen
300 ml Gemüsebrühe
150 g Hirse

Palak Dal Delhi

FÜR 2 PERSONEN

ZUTATEN

1 Süßkartoffel (ca. 300 g)
2 Wurzelpetersilien (ca. 300 g)
3 Karotten (ca. 130 g)
1 rote Spitzpaprika (ca. 100 g)
1 EL Agavendicksaft
Salz
Pfeffer, schwarz frisch aus der
   Mühle
2–3 Zweige Rosmarin
200 g roter oder rosa Naturreis
   bzw. Vulkan-Naturreis
250 g Spinat
1 EL Gemüsebrühe-Pulver
1 TL Kurkuma, gemahlen
1 TL Kreuzkümmelsamen
1 TL Kardamom
½ TL Ingwerpulver
1 TL Thymian
1 TL edelsüßes Paprikapulver
1 Zwiebel
1 TL Kokosöl
200 g Linsen
Saft von ½ Limette
125 ml Reis-Kokos-Milch

▶ Den Backofen auf 180 °C Umluft vorheizen. Süß-kartoffel, Wurzelpetersilie, Karotten und Paprika waschen, putzen, ggf. schälen und klein schneiden. Das Gemüse auf ein Backblech geben, Agaven-dicksaft zugeben, salzen und pfeffern und durch-mischen. Das Gemüse auf die Rosmarinzweige legen und 20 Minuten im Ofen backen.

▶ Den Reis nach Packungsanweisung garen. Den Spi-nat waschen, putzen und grob schneiden. Spinat in einen Topf geben und ungefähr 5 Minuten köcheln lassen. Das Gemüsebrühe-Pulver hinzufügen.

▶ In einer Tasse Kurkuma, Kreuzkümmel, Kardamom, Ingwer, Thymian, Pfeffer und Paprikapulver mischen. Die Zwiebel abziehen und klein schneiden.

▶ In einem großen Topf das Kokosöl erhitzen und darin ungefähr 1 Minute die Zwiebel andünsten. Dann die Gewürzmischung hinzufügen und unter-rühren. Nach 1 weiterer Minute die Linsen und 600 ml Wasser zugeben. Bei mittlerer Temperatur weiterköcheln lassen.

▶ Das weich gegarte Ofengemüse (ohne den Rosma-rinzweig) zu den Linsen geben und untermengen. Wenn bereits zu viel Wasser verkocht ist, eventuell noch etwas Wasser hinzufügen. Dann den blanchier-ten Spinat unterrühren. Das Dal vom Herd nehmen, wenn die Linsen die Flüssigkeit aufgenommen haben und gar sind. Limettensaft und die Reis-Kokos-Milch unterrühren und mit Salz und Pfeffer abschmecken. Palak Dal Delhi mit dem Reis servieren.

Nährwerte insgesamt	
kcal	1700
Carbs	346 g
Protein	74 g
Fett	12 g

Unser Tipp

Frische Orangenviertel sind
eine hervorragende Ergänzung zur
Hirsepfanne.

Nährwerte insgesamt	
kcal	1309
Carbs	268 g
Protein	39 g
Fett	15 g

Hirse 1001 Nacht

FÜR 2–3 PERSONEN

▶ Zwiebeln und Knoblauch abziehen und fein hacken. Den Kürbis putzen, mit einem Löffel das weiche Innere und die Kerne herausschaben und das Kürbisfruchtfleisch in Würfel schneiden. Zucchini waschen, putzen und ebenfalls würfeln.

▶ Die getrockneten Tomaten in Wasser einweichen. Den Safran mit 1 EL Gemüsebrühe vermischen. Die Tomaten kurz in kochend heißes Wasser legen, häuten und in Würfel schneiden.

▶ Die getrockneten Tomaten abtropfen lassen, in feine Streifen schneiden und mit Zwiebeln, Knoblauch, Zimtstange, Kreuzkümmel und etwas Gemüsebrühe in einer großen, beschichteten Pfanne andünsten. Anschließend Kürbis, Zucchini, Hirse und die Korinthen hinzufügen und weitere 1–2 Minuten anbraten. Gut durchmischen. Mit Gemüsebrühe und Safran samt Brühe ablöschen. Die Tomaten und den Orangenabrieb hinzufügen. Alles gut durchmengen und bei niedriger Temperatur garen.

▶ Die Hirsepfanne ist fertig, wenn die gesamte Flüssigkeit verschwunden ist. (Währenddessen öfter umrühren.) Mit Pfeffer und Salz abschmecken und kurz ziehen lassen.

ZUTATEN

2 rote Zwiebeln

2 Knoblauchzehen

300 g Hokkaido-Kürbis

1 Zucchini (ca. 200 g)

30 g getrocknete Tomaten

1 leicht bedeckter TL Safranfäden

500 ml Gemüsebrühe

2 Tomaten

1 Zimtstange

1 TL Kreuzkümmel, gemahlen

200 g feinkörnige Hirse

70 g Korinthen

1 TL abgeriebene Orangenschale

Pfeffer, schwarz aus der Mühle nach Geschmack

Salz nach Geschmack

Beduinen-Reis mit Orientsauce

FÜR 2 PERSONEN

ZUTATEN

Für den Reis:
200 g Jasmin-Vollkornreis
(20 g getrocknete Tomaten)
50 g Deglet-Nour-Datteln
1 kleine Zucchini
2 Schalotten (ca. 70 g)
1 EL Petersilie, gehackt
(Pfeffer, schwarz aus der Mühle)
   nach Geschmack
Kräutersalz nach Geschmack

Für die Sauce:
1 Pastinake (ca. 150 g)
2 Karotten (ca. 150 g)
½ Fenchel (ca. 80 g) → weniger
1 Knoblauchzehe $\frac{1}{2}$
(½ TL edelsüßes Paprikapulver)
2 EL Tomatenmark 1 EL
1 EL Kokosblütenzucker
2 EL Tamari
½ TL Ras el hanout
250 ml Gemüsebrühe
(Pfeffer, schwarz aus der Mühle)
   nach Geschmack
(Limetten nach Geschmack)

Nährwerte insgesamt	
kcal	1188
Carbs	265 g
Protein	25 g
Fett	8 g

▶ Den Backofen auf 180 °C Umluft vorheizen. Den Reis waschen und mit der doppelten Menge Wasser aufkochen. Anschließend bei niedriger Temperatur zugedeckt so lange garen, bis die Flüssigkeit vom Reis aufgenommen wurde. Getrocknete Tomaten ca. 10 Minuten in Wasser einweichen.

▶ Für die Sauce Pastinake, Karotten und Fenchel waschen, putzen und würfeln (beim Fenchel das Grün nicht mit verwenden.) Knoblauch abziehen und in Scheiben schneiden. Gemüse in einer Mischung aus Paprikapulver, Tomatenmark, Kokosblütenzucker, Knoblauch und Tamari marinieren. Das Gemüse auf ein mit Backpapier ausgelegtes Backblech geben und im Backofen 20 Minuten bei 180 °C backen.

▶ Das fertige Ofengemüse und die Gemüsebrühe in einem hohen Rührbecher mit dem Pürierstab pürieren. Anschließend einmal kurz aufkochen. Ras el hanout unterrühren und mit Pfeffer abschmecken.

▶ Für den Reis die Datteln entsteinen. Datteln und die getrockneten Tomaten in kleine Würfel schneiden. Zucchini waschen und ebenfalls würfeln. Die Schalotten abziehen und klein schneiden. Alles zusammen mit etwas Wasser in einer beschichteten Pfanne andünsten. So lange garen, bis die Zucchini bissfest gegart sind. Währenddessen eventuell erneut etwas Wasser nachschenken. Den fertigen Reis zugeben, mit dem Gemüse gut vermischen und etwas mit anbraten. Die Petersilie unterheben und mit Pfeffer und Kräutersalz abschmecken. Den Reis mit der Sauce und den Limettenvierteln servieren.

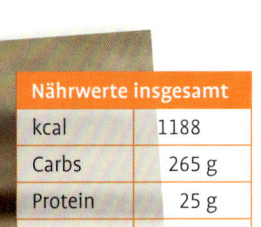

Unser Tipp

Als Variante kann man das Ofengemüse für die Sauce auch einfach so genießen.

Fruit Love
fruchtige Rohkost

Wie in unserem ersten Buch Raw Soul Food soll es auch hier wieder eine Kategorie mit dem Titel Fruit Love geben. Für Raw Soul Food bedeutete das, dass es unter unseren Rohkost-Rezepten auch Low-Fat-Rezepte gab. Und hier haben wir ein Kapitel mit Rohkost-Rezepten unter lauter Low-Fat-Rezepten. Wir sind nämlich nach wie vor große Befürworter der Rohkost, auch wenn in diesem Buch gekocht wird. Die Rohkost hat nicht nur geschmacklich unsere Küche erweitert, sie versorgt uns mit aktiven Enzymen und bietet uns im Gegensatz zu Gekochtem 100 Prozent der vorhandenen Nährstoffe. Es gibt Tage, an denen wir uns ausschließlich roh ernähren. Auch ersetzen wir das Frühstück oft durch einen grünen Smoothie. Vor allem im Sommer sind uns frische Früchte einfach lieber, als zu kochen. Jedoch sind gekochte Lebensmittel eine tolle Erweiterung des Speiseplans, um unseren Körper mit Energie zu versorgen. Rohkost sollte dennoch nie im Speiseplan fehlen, denn erst durch rohes Obst und Gemüse bekommen wir wichtige Mikronährstoffe, Enzyme und Vitamine. Eine ausgewogene Kombination aus gekochter Nahrung und Rohkost stellt für uns eine alltagstaugliche und gesunde Ernährungs- und Lebensweise dar. Go raw!

Holy Fruit Cocktail

FÜR 2 PERSONEN

ZUTATEN

500 g Erdbeeren
600–700 g Papaya (1 Riesen-
papaya oder 2 kleine)
4 Pflaumen
15 frische Basilikumblätter
2 TL Ceylon-Zimt, gemahlen

▶ Die Erdbeeren waschen, putzen und klein schneiden. Die Papaya schälen, entkernen und ebenfalls klein schneiden.

▶ Die Pflaumen entsteinen und zusammen mit den Basilikumblättern und dem Zimt im Mixer zu einer cremigen Sauce pürieren. Anschließend die Sauce unter das Obst heben.

Unser Tipp

Man kann den Fruit Cocktail außerhalb der Erdbeer-Saison entweder mit Tiefkühl-Erdbeeren oder auch mit anderen frischen Beeren zubereiten.

Nährwerte insgesamt	
kcal	455
Carbs	112 g
Protein	7 g
Fett	3 g

Unser Tipp

Wer eine Deko möchte:
Orangenscheiben am Gläserrand
eignen sich prima.

Nährwerte insgesamt	
kcal	914
Carbs	229 g
Protein	30 g
Fett	15 g

Schoko-Winter-Traum

FÜR 2 PERSONEN

▶ Die Orange heiß abwaschen und trocken reiben.
Mit einer Reibe etwa 1 Messerspitze Orangenschale
von der Orange abreiben.

▶ Die Bananen schälen und zusammen mit den
Feigen, dem Orangenabrieb und dem Kakao und
den Gewürzen im Mixer zu einer glatten Masse
pürieren.

▶ Die Blaubeeren unterheben und alles in Gläsern
anrichten. Nach Geschmack mit Kakaonibs toppen.

ZUTATEN

1 Bio-Orange
5–6 mittelgroße Bananen
   (ca. 750 g)
4 getrocknete Feigen
2 TL Kakaopulver, stark entölt
1 TL Zimt, gemahlen
1 TL Carobpulver
1 Tls Anis
1 Tls Muskatnuss
1 Tls Nelken, gemahlen
100 g Blaubeeren
Kakaonibs nach Geschmack

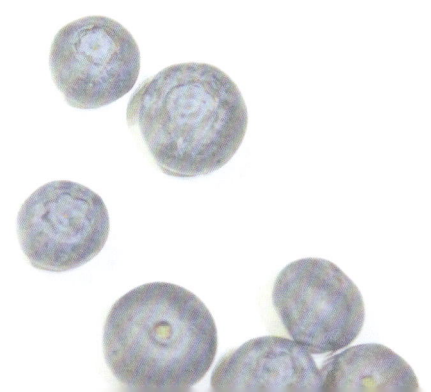

Spicy Fruit Soup

ZUTATEN

500 g Pfirsiche
1 Banane (ca. 100 g)
600 g Cantaloup-Melone
2 Tomaten (ca. 130 g)
10 g Kokosblütenzucker
1 Tls Vanillepulver
1 Tls Chili, gemahlen
    (Schärfegrad 6)
½ TL edelsüßes Paprikapulver
1 TL getrockneter Bärlauch

▶ Die Pfirsiche entsteinen und die Banane schälen. Die Melone schälen und entkernen.

▶ Pfirsiche, Bananen und Melone in einen hohen Rührbecher füllen. Die restlichen Zutaten hinzufügen und im Mixer fein pürieren.

Unser Tipp

Hauchdünne Schokoladenraspeln und frische Minze sind ein leckeres Topping für die Spicy Fruit Soup.

Nährwerte insgesamt	
kcal	563
Carbs	138 g
Protein	11 g
Fett	3 g

Nährwerte insgesamt	
kcal	1124
Carbs	287 g
Protein	12 g
Fett	4 g

Feige Helene

▶ Die Orange entsaften. Die Birnen waschen, entkernen und das Fruchtfleisch sehr vorsichtig mit einem Teelöffel herauslösen, sodass die Schalen nicht beschädigt werden.

▶ Die Feigen grob zerkleinern und zusammen mit dem Birnenfruchtfleisch, dem Zimt, dem Orangensaft und 1 TL Kokosblütenzucker im Mixer zu einem Gelee verarbeiten.

▶ Für die Schokoladensauce Agavendicksaft, Kakaopulver und 2 TL Kokosblütenzucker verrühren.

▶ Die Birnenhälften mit dem Feigengelee füllen und zusammen mit der Schokoladensauce anrichten. Mit Cranberries und gehackten Walnüssen nach Geschmack dekorieren.

ZUTATEN

1 kleine Orange (ca. 70 g)
2 vollreife Birnen
250 g getrocknete Feigen
1 TL Zimt, gemahlen
3 TL Kokosblütenzucker
2 EL Agavendicksaft
1 TL Kakaopulver, stark entölt
20 g getrocknete Cranberries
Walnüsse nach Geschmack

Ki-Ba-Bowl

ZUTATEN

4 reife Bananen (ca. 800 g)

1 Chicorée (ca. 80 g)

200 g Kirschtomaten

1 Glas Süßkirschen
   (Abtropfgewicht 350 g)

Saft von ½ Zitrone

1 TL Kakaopulver, stark entölt

1 EL Kokosblütenzucker

▶ Die Bananen schälen und in Scheiben schneiden. Den Chicorée waschen, putzen und in dünne Streifen schneiden. Die Tomaten vierteln. Alles zusammen in einer Schüssel vermengen.

▶ Die Kirschen abtropfen lassen. Kirschen, Zitronensaft, Kakaopulver und Kokosblütenzucker im Mixer fein pürieren.

▶ Den Salat mit der Sauce anrichten und servieren.

Unser Tipp

Nährwerte insgesamt	
kcal	700
Carbs	175 g
Protein	12 g
Fett	3 g

Unser Tipp

Nährwerte insgesamt	
kcal	742
Carbs	186 g
Protein	13 g
Fett	4 g

Vegetable Fruit Salad

FÜR 2 PERSONEN

▶ Den Chicorée waschen, putzen und in dünne Streifen schneiden. Karotten und Äpfel waschen. Mit einem V-Hobel die Karotten und die Äpfel fein hobeln. Limettensaft mit Karotten- und Apfelraspeln mischen und zum Chicorée geben. (So wird eine schnelle Oxidation verhindert.)

▶ Die Weintrauben waschen, entkernen und in Scheiben schneiden. Im Mixer das Mangofruchtfleisch mit dem Zimt pürieren und alles zusammen mit den Blaubeeren in einer Salatschüssel vermischen.

ZUTATEN

1 Chicorée (ca. 350 g)
2 Karotten (ca. 150 g)
2 rote Äpfel (ca. 400 g)
Saft von 1 Limette
170 g Weintrauben
300 g Mangofruchtfleisch
1 Prise Zimt, gemahlen
150 g Blaubeeren

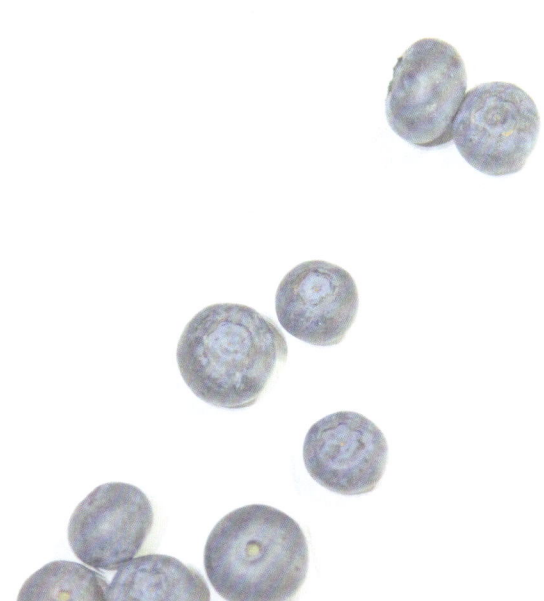

Buchweizen-Porridge

FÜR 2 PERSONEN

ZUTATEN

150 g Buchweizen
2 süße Äpfel
1 Saftorange
2 EL Agavendicksaft
2 TL Ceylon-Zimt, gemahlen
1 Tls Vanillepulver
1 TL Kardamom, gemahlen
2 EL Blaumohn
200 g Himbeeren
getrocknete Maulbeeren
    nach Geschmack

▶ Den Buchweizen über Nacht (6–8 Stunden) in Wasser einweichen. Anschließend den Buchweizen abtropfen lassen.

▶ Äpfel waschen, entkernen und die Orange entsaften. Buchweizen, Äpfel, Orangensaft, Agavendicksaft, Zimt, Vanille und Kardamom im Mixer zu einer glatten Masse verarbeiten.

▶ Buchweizen-Porridge gleichmäßig in 2 Gläser geben und mit Blaumohn, frischen Himbeeren und Maulbeeren garnieren.

Unser Tipp

Alternativ kann das Porridge
auch abwechselnd mit dem Mohn und
den Himbeeren ins Glas geschichtet
werden.

Nährwerte insgesamt	
kcal	1370
Carbs	307 g
Protein	39 g
Fett	11 g

Desserts
süß ohne Fett

Dem Zucker wird nicht sehr viel Lob zugesprochen und seit
dem Low-Carb-Trend gelten Kohlenhydrate als Dickmacher.
Vor allem sind aber große Mengen isolierter Zucker
(Haushaltszucker, Glukosesirup in Süßigkeiten oder
Fruktosesirup in Getränken) das Problem und natürlich auch
große Mengen an Fett. Stimmt die Energiebilanz nicht,
nehmen wir also zu viel Fett und/oder Kohlenhydrate
auf, speichert unser Körper den Überschuss in unseren
Fettreserven. Hinzu kommt, dass die verwendeten
Kohlenhydrate und Fette dazu meistens noch stark
verarbeitet sind und in die Kategorie der leeren Kalorien
eingeordnet werden können. Das verstärkt das Potenzial zur
Fettleibigkeit.
Wenn man von Kohlenhydraten spricht, kommen den meisten
Menschen als erstes Brot, Nudeln und Backwaren in den Sinn.
Bei näherer Betrachtung stellt sich jedoch heraus, dass
der Großteil dieser Speisen zusammen mit Fett konsumiert
wird. Nudeln mit öligem Pesto und Brot mit fettem Belag.
Back- und Süßwaren sind in der Regel ebenfalls sehr
fettreich. Unsere Dessertrezepte haben wir so entwickelt,
dass sie komplett ohne zugesetztes Fett auskommen und
nur mit wenig natürlicher Süße, z.B. mit Agavendicksaft,
abgeschmeckt werden.

Cookies & Banana Ice Cream

FÜR 2 GROSSE PORTIONEN EIS UND CA. 10 COOKIES

ZUTATEN

2 Medjool-Datteln
1 Tls Vanillepulver
2 reife Bananen
100 g glutenfreie Haferflocken
20 g Schokoladenstreusel

Bananeneis Vanille

500 g Bananen, geschält
1 Tls Vanillepulver

Bananeneis Schoko

Kakaopulver, stark entölt
nach Geschmack

▶ Den Backofen auf 180 °C Ober- und Unterhitze vorheizen. Die Datteln entsteinen und mit der Vanille und den Bananen im Mixer zu einer feinen Creme pürieren.

▶ Die Crememasse unter die Haferflocken heben und die Schokoladenstreusel hinzufügen.

▶ Jeweils 1 EL der Keksmasse gleichmäßig auf ein mit Backpapier ausgelegtes Backblech setzen. Die Teigkleckse sollten etwa 1 cm dick und rund sein. Zum Formen ist der Löffelrücken ein tolles Hilfsmittel. Die Cookies im Backofen 15–20 Minuten bei 180 °C backen.

▶ Die Bananen schälen, in grobe Stücke teilen und über Nacht in einer Box einfrieren.

▶ Die gefrorenen Bananen mit der Vanille (bzw. zusätzlich mit Kakao) im Mixer zu Eiscreme verarbeiten. Gegebenenfalls mit einem Stößel nachhelfen. Bei Geräten ohne Stößel den Mixer immer wieder anhalten und die Masse mit einem Kochlöffel von Hand durchmengen.

Unser Tipp

Es können auch nach Geschmack weitere Sorten aus der Bananen-Grundmasse hergestellt werden, beispielsweise indem man die Bananen zusammen mit gefrorenen Beeren oder anderen Früchten püriert. Trockenfrüchte sind eine tolle Dekoration!

Nährwerte	Eis (Vanille)	Cookies
kcal	450	824
Carbs	114 g	170 g
Protein	6 g	17 g
Fett	2 g	13 g

Unser Tipp

In gut sortierten Bioläden gibt es auch Karamellsirup auf Agavendicksaftbasis.

Nährwerte	(ohne Karamellsirup)
kcal	948
Carbs	212 g
Protein	16 g
Fett	8 g

Hirse küsst Orange

▶ Die Hirse zusammen mit den Rosinen, der Zimtstange und der Reis-Kokos-Milch in einem Topf zum Kochen bringen und anschließend bei niedriger Temperatur quellen lassen, bis die Flüssigkeit verschwunden ist. Gelegentlich umrühren.

▶ Die Orangen mit einem Messer von der Schale befreien und in 1 cm dicke Scheiben schneiden.

▶ Die Orangenscheiben abwechselnd mit der Hirse schichtweise auf Tellern anrichten. Dazu immer 1 EL der Hirse zwischen die Orangenfilets geben und leicht andrücken. Je nach Geschmack mit einem Sirup toppen.

ZUTATEN

100 g Hirse
50 g Rosinen
1 Zimtstange
250 g Reis-Kokos-Milch
2–3 Orangen
Karamellsirup, Ahornsirup
    oder Agavendicksaft nach
    Geschmack

Bloody Mango

ZUTATEN

250 g tiefgefrorene Erdbeeren
50 g Hirse
2 Medjool-Datteln
2 TL Kokosblütenzucker
50 ml Reis-Kokos-Milch
1 Glas Mangopüree (ca. 250 g)

▶ Die Erdbeeren antauen lassen, so dass sie nicht mehr gefroren, jedoch noch kalt sind.

▶ Die Hirse waschen, abtropfen und zusammen mit der doppelten Menge Wasser aufkochen. Anschließend bei niedriger Temperatur so lange garen, bis die Hirse die Flüssigkeit aufgenommen hat.

▶ Die Datteln entsteinen. Die Erdbeeren, die Datteln, den Kokosblütenzucker und die Reis-Kokos-Milch im Mixer fein pürieren.

▶ Die noch warme Hirse und das Mangopüree im Mixer zu einer Creme verarbeiten. Die Mango-Hirse-Creme zusammen mit der Erdbeersauce anrichten und servieren.

Unser Tipp

Minzeblätter sind der Extrakick Frische für dieses Dessert!

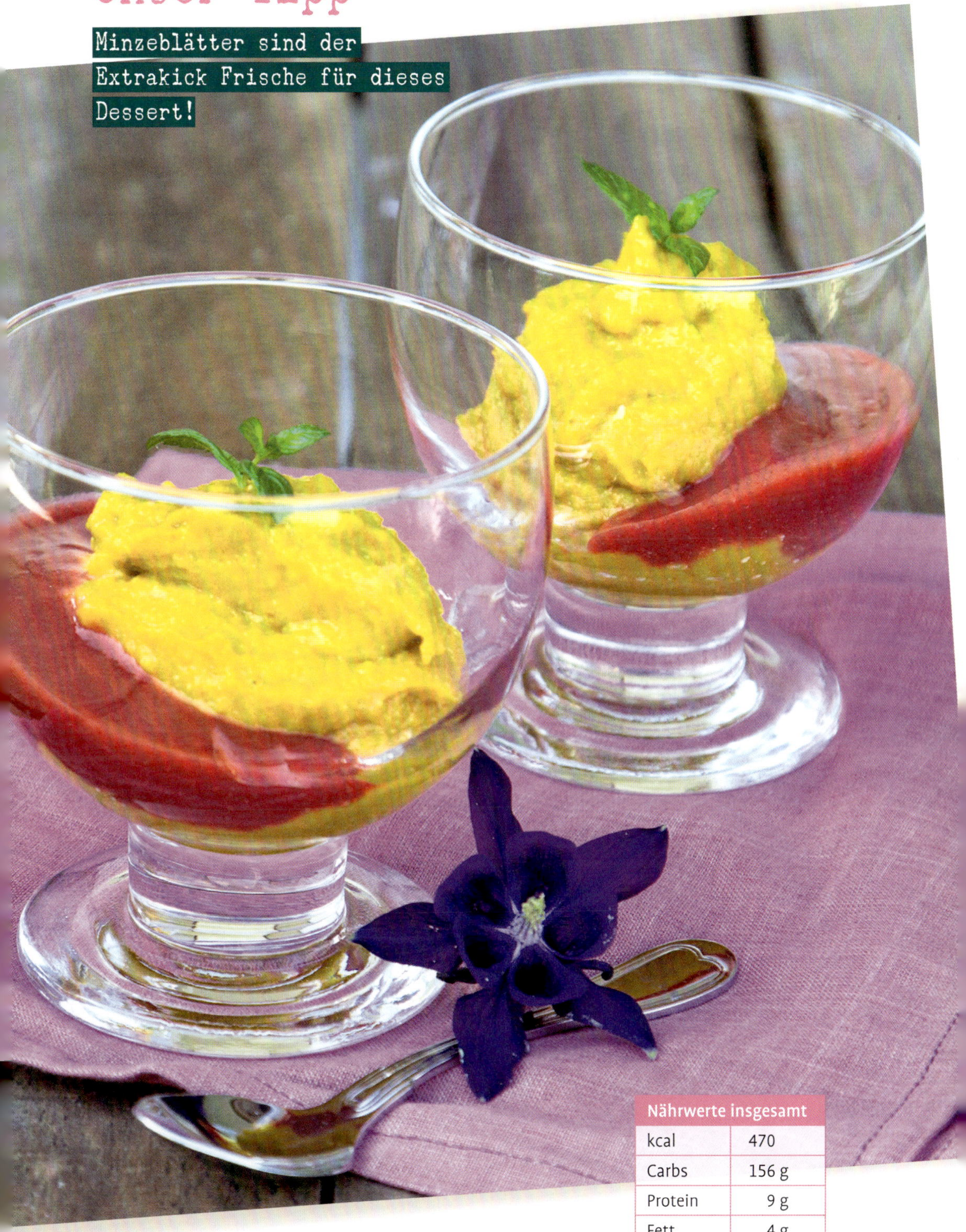

Nährwerte insgesamt	
kcal	470
Carbs	156 g
Protein	9 g
Fett	4 g

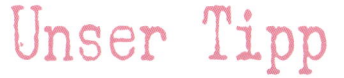

Zu viel des Gluten

Gluten: der Begriff ist bekannt und doch weiß man oft nicht, was genau das ist. Zunächst zur Definition: Gluten ist ein Protein, das in den meisten Getreidesorten enthalten ist und einfach ausgedrückt als Klebereiweiß bezeichnet werden kann. Es kommt besonders in Weizen, Dinkel und Roggen vor.

Die klebende Eigenschaft von Gluten ist für die Herstellung von Backwaren von großer Bedeutung, denn erst damit bekommt man einen gut bindenden Teig für Brot, Gebäck und Nudeln mit dem bekannten Getreidegeschmack. Der Teig wird durch das Gluten elastisch und stabil. Soviel zum technischen Aufbau und der Funktion von Gluten in unserer Küche. Manche Menschen vertragen jedoch kein Gluten, das nennt man dann Zöliakie. Obwohl der Großteil der Bevölkerung Gluten gut aufnehmen kann, verzichten sehr viele Menschen freiwillig darauf. Vielleicht nicht ganz unberechtigt ...

Gluten früher und heute

Die Getreidesorten von heute, insbesondere der Weizen, sind längst nicht mehr die gleichen wie früher. Weizen ist eine der am meisten konsumierten Getreidesorten weltweit. Um die gesteigerte Nachfrage zu decken, wurde der Weizen von seiner ursprünglichen Form, in der man ihn noch als Naturprodukt bezeichnen konnte, genetisch verändert. Ein besonderer Fokus lag dabei auf schnellem Wachstum, der Abwehr von Schädlingen und größeren Erträgen. Vor 50 Jahren betrug der Anteil von Gluten im Getreide gerade mal 5 Prozent. Heute sind es sagenhafte 50 Prozent. Eine Steigerung um das Zehnfache. Unsere Verdauung konnte sich jedoch in dieser kurzen Zeit nicht an das veränderte Getreide anpassen.

Die Aufspaltung dieser großen Mengen Klebereiweiß in einzelne Aminosäuren ist ein Kraftakt für den menschlichen Körper. Darüber hinaus wird bei der Verdauung des Getreideproteins Säure gebildet, die sich negativ auf den Säure-Basen-Haushalt auswirken kann.

Mögliche Auswirkungen?

Tatsache ist, dass viele Menschen heutzutage an einer Glutenunverträglichkeit leiden – Tendenz steigend. Daher wird in der Medizin Gluten mittlerweile ebenfalls kritisch betrachtet. Wenn man sich die klassische Ernährungsweise unserer Gesellschaft ansieht, ist Gluten fast immer vertreten. In der Früh ist es das Frühstücksbrötchen, die Brezel oder das Müsli, mittags Pizza, Pasta oder Sandwich, nachmittags der Kuchen, abends das Abendbrot oder das Feierabendbier.

Zu viel des Gluten?

In diesem Zusammenhang ist es mit Sicherheit nicht verkehrt, den persönlichen Getreidekonsum zu überdenken. Ein guter Ansatz ist es, z.B. in erster Linie vollwertige Getreideerzeugnisse anstatt Weißmehle zu verwenden.
Dinkel und Roggen enthalten im Gegensatz zu Weizen weniger Gluten und gelten deshalb auch als die bekömmlicheren Getreidesorten.

Eine besondere Stellung hat der Hafer. Er ist das Getreide mit dem geringsten Glutengehalt und besitzt eine Menge wichtiger Nährstoffe. Leider wird der Hafer in den meisten Fällen zusammen mit Weizen angebaut, sodass er bei der Endverarbeitung damit kontaminiert wird. Es gibt mittlerweile jedoch nicht kontaminierte Hafererzeugnisse, die als glutenfrei deklariert werden dürfen, da sie einen Glutengehalt unter 20 ppm aufweisen.
Die Rezepte in diesem Buch sind alle glutenfrei. Wir selbst achten darauf, uns größtenteils glutenfrei zu ernähren. Wir haben dadurch eine deutliche Verbesserung der Verdauung feststellen können. Wenn wir jedoch zum Essen eingeladen sind oder ein Gericht nicht glutenfrei zu zaubern ist, drücken wir auch gerne mal ein Auge zu.

Unser Tipp

Mit etwas Kakaopulver als
Ergänzung im Teig lassen sich tolle
Schoko-Pancakes zaubern.

Nährwerte	(ohne Ahornsirup und Beeren)
kcal	656
Carbs	147 g
Protein	14 g
Fett	6 g

Pancakes

► Buchweizenmehl und Maismehl mit Vanille und Backpulver gut vermischen. Reismilch dazugeben und mit einem Schneebesen gründlich verrühren, bis ein glatter leicht zäher Teig entsteht.

► Eine beschichtete Pfanne auf mittlerer Hitze ohne Fett erhitzen. Für jeden Pancake jeweils 2 EL Teig in die Pfanne geben und die Pancakes auf jeder Seite ca. 1–2 Minuten braten.

► Die Bananen schälen und in feine Scheiben schneiden. Die Pancakes mit den Bananenscheiben belegen und zu einem Turm zusammenbauen. Nach Belieben mit Ahornsirup, Beeren oder anderem frischen Obst verfeinern.

ZUTATEN

60 g Buchweizenmehl
40 g Maismehl
1 Tls Vanillepulver
1 TL Backpulver
160 ml Reis-Kokos-Milch
2 reife Bananen
Ahornsirup nach Geschmack
Beeren nach Geschmack

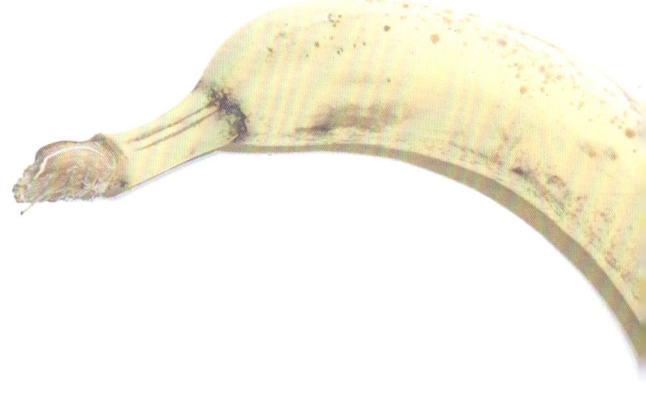

Sticky Rice Mango Maracuja

FÜR 2 PERSONEN

ZUTATEN

100 g Milchreis
1 EL Agavendicksaft
1 Tls Vanillepulver
400 ml Reis-Kokos-Milch
350 g Mangofruchtfleisch, frisch
    oder aus dem Glas
2 Maracujas

▶ Den Reis zusammen mit der Milch, dem Agavendicksaft und der Vanille in einem Topf zum Kochen bringen. Anschließend bei niedriger Temperatur so lange köcheln lassen, bis die Milch nahezu komplett vom Reis aufgenommen wurde. Öfter umrühren, damit der Reis nicht anbrennt. Anschließend 5–10 Minuten offen ziehen lassen.

▶ Den Reis zusammen mit den Mangostücken anrichten. Die Maracujas halbieren, mit einem kleinen Löffel das Fruchtfleisch herausschaben und über den Mangostücken und dem Reis verteilen.

Unser Tipp

Statt frischen Maracujas kann
man auch etwas Maracujasaft über den
Mangos und dem Reis verteilen.

Nährwerte insgesamt	
kcal	917
Carbs	206 g
Protein	11 g
Fett	6 g

Unser Tipp

Nährwerte insgesamt	
kcal	1065
Carbs	240 g
Protein	14 g
Fett	9 g

Tasty Fruit Grießbrei

FÜR 2 PERSONEN

▶ Hirsegrieß, Reis-Kokos-Milch, Vanille und Agavendicksaft in einem Topf vorsichtig zum Kochen bringen. Anschließend auf niedrigster Stufe so lange köcheln, bis ein cremiger Brei entsteht und der Grieß gar ist. Während des gesamten Vorgangs öfter mit einem Schneebesen umrühren.

▶ Alle Zutaten für die Fruchtschicht, je nach Geschmacksrichtung, im Mixer fein pürieren. Die Kerne der Datteln zuvor entfernen. Die Papaya schälen und ebenfalls entkernen.

ZUTATEN

100 g Hirsegrieß
400 g Reis-Kokos-Milch
1 Tls Vanillepulver
1 EL Agavendicksaft

Pfirsich-Minze:
3 Medjool-Datteln
3 frische Minzeblätter
ca. 450 g Pfirsiche aus dem Glas

Papaya-Limette:
3 Medjool-Datteln
½ TL Limettenschale
1 frische Papaya (ca. 450 g)

Torten & Kuchen
keine leeren Kalorien

Man spricht von "leeren Kalorien", wenn ein Lebensmittel neben seinen Hauptnährstoffen (Makronährstoffen) keine nennenswerten Begleitnährstoffe (Mikronährstoffe) besitzt. Die Kalorien an sich sind deshalb nicht wirklich leer. Die Makronährstoffe eines solchen Erzeugnisses können jedoch durch das Fehlen der Mikronährstoffe nicht mehr richtig verstoffwechselt werden.

Erzeugnisse mit "leeren Kalorien" sind stark verarbeitete Produkte wie raffinierter Zucker, Fette und Weißmehle. Viele industriell gefertigte Nahrungsmittel sind eine Kombination aus diesen. Nimmt man viele leere Kalorien zu sich, ohne dabei seinen Mikronährstoffbedarf abzudecken, kann es passieren, dass man ungewollt an Gewicht zulegt. Der Körper legt die Makronährstoffe, die nicht verarbeitet werden können, nämlich als Fettreserven an. Heißhunger kann die Antwort auf das Bedürfnis unseres Körpers nach den fehlenden Begleitnährstoffen sein. Dadurch besteht zusätzlich die Gefahr, über den eigentlichen Bedarf zu essen. Deshalb ist es wichtig, immer genügend vollwertige Lebensmittel in den Ernährungsplan zu integrieren, Nahrungsmittel mit leeren Kalorien zu reduzieren oder mit anderen mikronährstoffhaltigen Produkten zu ergänzen.

Fitness Cheesecake

ZUTATEN

Für den Boden:
50 g feinkörnige Hirse
250 ml Reismilch
1 TL Vanillepulver
100 g Maismehl
1 EL Agavendicksaft
2 TL Backpulver

Für die Füllung:
850 g Sojajoghurt natur
30 g Speisestärke
100 ml Reismilch
100 g Agavendicksaft
1 TL abgeriebene Zitronenschale
1 EL Zitronensaft

Für die Glasur:
250 g Erdbeeren, frisch oder
   tiefgefroren
25 g Agavendicksaft
6 g Gelierpulver aus Pektin
   (z.B. Dr. Oetker Gelfix)

▶ Den Backofen auf 180 °C Umluft vorheizen. Für die Glasur die Erdbeeren auftauen lassen.

▶ Für den Boden die Hirse waschen, abtropfen lassen, in einem Topf mit der doppelten Menge Wasser aufkochen und anschließend bei niedriger Temperatur so lange garen, bis die Hirse das Wasser aufgenommen hat. Anschließend etwas abkühlen lassen.

▶ Hirse und Reismilch mit einem Pürierstab oder im Mixer fein pürieren. Vanille, Maismehl, Agavendicksaft und Backpulver zugeben und zu einem Teig verrühren. Den Rührteig in eine mit Backpapier ausgelegte Springform gießen und im vorgeheizten Backofen 15 Minuten bei 180 °C backen.

▶ Für die Füllung alle Zutaten in eine Rührschüssel geben und vermengen. Die Creme auf den vorgebackenen Boden gießen, gleichmäßig verteilen und den Kuchen weitere 40 Minuten backen. Anschließend etwas abkühlen lassen.

▶ Für die Glasur Erdbeeren im Mixer zusammen mit dem Agavendicksaft fein pürieren. Die Erdbeermasse in einem Topf zum Kochen bringen, das Gelierpulver einrühren und mit einem Schneebesen unter ständigem Rühren 3 Minuten bei starker Hitze einkochen. Anschließend die Glasur über die Tote gießen und gleichmäßig verteilen. Die Torte etwas abkühlen lassen und im Kühlschrank am besten über Nacht kühl stellen.

Unser Tipp

Hier darf man auch mal ein Stück mehr essen. Ein konventioneller Käsekuchen hat durchschnittlich 350 g Fett auf den gesamten Kuchen gerechnet.

Nährwerte insgesamt	
kcal	1596
Carbs	282 g
Protein	46 g
Fett	29 g

Unser Tipp

Besonders gut lassen sich die Muffins aus Silikonförmchen herauslösen. Diese sind auch umweltfreundlicher, da man sie wiederverwenden kann.

Nährwerte insgesamt	
kcal	900 kcal
Carbs	205 g
Protein	14 g
Fett	6 g

Apfel-Zimt- & Blaubeermuffins

FÜR 12 STÜCK

▶ Den Backofen auf 180 °C Umluft vorheizen. Die Bananen schälen. Maismehl, Reismehl, Speisestärke, Backpulver (und gegebenenfalls Zimt) in einer Schüssel mischen. Soja-Vanille-Milch, Kokosblütenzucker und die Bananen im Mixer pürieren.

▶ Für die Apfelmuffins den Apfel waschen, entkernen und klein schneiden.

▶ Die Bananen-Milch-Creme mit den trockenen Zutaten mit einem Schneebesen zu einem geschmeidigen Teig verrühren. Anschließend die geschnittenen Äpfel oder Blaubeeren unterheben.

▶ Den Teig auf 12 Muffinförmchen verteilen und bei 180 °C etwa 15–20 Minuten backen.

ZUTATEN

250 g Bananen
60 g Maismehl
50 g Reismehl
40 g Speisestärke
1 Packung Backpulver
100 ml Soja-Vanille-Milch
20 g Kokosblütenzucker

Variante Apfel-Zimt:
1 ½ TL Ceylon-Zimt, gemahlen
1 mittelgroßer Apfel, klein geschnitten

Variante Blaubeer-Vanille:
125 g Blaubeeren

→es geht auch andere Pflanzenmilch

Bananasplit-Torte

ZUTATEN

Für den Boden:
40 g Maismehl
40 g Buchweizenmehl
25 g Maisstärke
20 g Kakaopulver, stark entölt
1 Tls Vanillepulver
1 Prise Salz
1 mittelgroßer Apfel
3 Medjool-Datteln
50 g Agavendicksaft
½ Päckchen Backpulver

Für den Belag:
4 Bananen
55 g Maisstärke
500 ml Sojamilch Vanille
ca. 25 g vegane Zartbitter-
   kuvertüre

▶ Den Backofen auf 180 °C Umluft vorheizen. Für den Boden alle trockenen Zutaten bis auf das Backpulver mit einem Schneebesen vermengen.

▶ Den Apfel und die Datteln entkernen und mit 200 ml Wasser und dem Agavendicksaft im Mixer fein pürieren. Anschließend die Trockenmasse mit der Apfelcreme zu einem glatten Rührteig verarbeiten und dabei das Backpulver unterrühren.

▶ Den Teig in eine mit Backpapier ausgelegte Springform gießen und im vorgeheizten Backofen bei 180 °C Umluft etwa 30 Minuten backen. Nach erfolgreicher Stäbchenprobe (kein Teig bleibt mehr am Holzstäbchen kleben) den Boden aus dem Ofen nehmen und etwas abkühlen lassen.

▶ Für den Belag die Bananen schälen und der Länge nach halbieren. Die Bananenhälften gleichmäßig auf dem Tortenboden verteilen. Am Springformrand jeweils etwa 1–2 cm Luft lassen.

▶ Die Stärke mit 100 ml der Sojamilch mit einem Schneebesen klümpchenfrei verrühren. Den Rest der Milch in einem Topf zum Kochen bringen. Die Stärkemischung in die kochende Milch geben und unter Rühren kurz aufkochen lassen. Anschließend die Puddingmasse sofort über die Bananen gießen und gleichmäßig verteilen.

▶ Die Kuvertüre im Wasserbad schmelzen und mit einem kleinen Löffel als Topping über den Pudding sprenkeln. Dazu jeweils etwa ½ TL der flüssigen Schokolade mit schnellen Bewegungen aus dem Handgelenk über der Torte verteilen.

Unser Tipp

Anstatt mit Medjool-Datteln kann man den Boden auch mit Rosinen (circa 30 g) zubereiten.

Nährwerte insgesamt	
kcal	1900
Carbs	400 g
Protein	37 g
Fett	25 g

Unser Tipp

Die Brownies können auch mit anderen Nüssen zubereitet werden. Für eine fettfreie Variante eignen sich auch getrocknete Pflaumen sehr gut.

Nährwerte insgesamt	
kcal	1400
Carbs	270 g
Protein	31 g
Fett	26 g

Schoko-Brownies

▶ Den Backofen auf 180 °C Umluft vorheizen. Die Datteln gegebenenfalls entsteinen. Das Wasser erhitzen, jedoch nicht kochen. Die Datteln in Wasser einweichen und beiseitestellen.

▶ In einer Rührschüssel Maismehl, Kakaopulver, Rohrohrucker, Backpulver, Vanillepulver und Salz mischen.

▶ Die Zucchini schälen und mit dem Apfelmus und den Datteln samt Einweichwasser im Mixer zu einer feinen Creme verarbeiten.

▶ Die feuchten Zutaten zu den trockenen geben und gut verrühren. Walnüsse hacken und unterheben. Den Teig in die Auflaufform gießen und gleich-mäßig verteilen. Brownies 20–30 Minuten backen und vor dem Verzehr abkühlen lassen.

ZUTATEN

100 g Deglet-Nour-Datteln
400 ml Wasser
150 g Maismehl
40 g Kakaopulver, stark entölt
50 g Rohrohrzucker
1 Packung Backpulver
½ TL Vanillepulver
1 Prise Salz
100 g Zucchini
2 EL Apfelmus
30 g Walnusskerne

Mangotorte

ZUTATEN

Für den Boden:
230 g Deglet-Nour-Datteln
50 g getrocknete Mango
1 TL Vanillepulver
1 TL Ceylon-Zimt, gemahlen

Für die Mangoschicht:
3 Mangos (ca. 800 g Frucht-
    fleisch)
30 g Apfelpektin

Für das Schoko-Topping:
1 TL Kokosöl
1 EL Kakaopulver oder
    Carobpulver
1–2 EL Ahornsirup
getrocknete Mango nach
    Geschmack

▶ Für den Boden die Datteln entsteinen. Datteln mit den Mangostreifen in einer Küchenmaschine zerkleinern und zu einem Teig verarbeiten. Vanille und Zimt hinzufügen.

▶ Eine kleine Springform mit Backpapier auslegen. Den Teig hineinfüllen und mit den Händen zu einem flachen Boden formen.

▶ Für die Mangoschicht das Mangofruchtfleisch im Mixer pürieren. In einem Topf das Mangopüree mit dem Apfelpektin mischen und 2–3 Minuten kochen lassen, bis eine geleeartige Puddingkonsistenz entsteht. Die Mangomasse auf dem Kuchenboden verteilen und kühl stellen. Beim Erkalten wird die Mangoschicht schön fest.

▶ Für das Schoko-Topping das Kokosöl schmelzen lassen. (Das Öl wird bei Temperaturen über 25 Grad flüssig – in der Sonne, auf der Heizung oder im Backofen bei 50 °C Umluft.) Das flüssige Öl mit dem Kakao bzw. Carob und dem Ahornsirup mit einem Schneebesen verrühren und direkt auf den Kuchen geben. Das Kokosöl wird schnell fest, deswegen muss man zügig arbeiten. Getrocknete Mango eignet sich sehr gut als Dekoration.

Unser Tipp

Die Torte kann nach Geschmack auch mit frischen Früchten dekoriert werden.

Nährwerte insgesamt	
kcal	1439
Carbs	355 g
Protein	15 g
Fett	10 g

6

Smoothies & Shakes
schnelle Energie

Es ist grundsätzlich wichtig, immer ausreichend mit
Kohlenhydraten versorgt zu sein. Egal, ob es sich um eine
sportliche Aktivität, eine geistige Anstrengung oder
einfach um die Bewältigung des Alltags handelt – Körper
und Geist brauchen immer ausreichend Energie. Diese
Energie wird durch eine ausgewogene Ernährung optimal
sichergestellt. Hat man aber beispielsweise vor einer
körperlichen Aktion zu wenig gegessen, lässt die Leistung
nach. Man fühlt sich müde und schwach. In der kohlenhydrat-
basierten Ernährung spricht man dann von "undercarbed",
also im Unterzucker.

Schnelle Energielieferanten helfen, dass es gar nicht erst
zu einem Tief kommt oder man schnell wieder aktiv ist.
Mit schnellen Energielieferanten ist Zucker gemeint, im
besten Fall Einfachzucker. Der klassische Energydrink
besteht hauptsächlich aus Einfachzucker und Koffein.
Die gesunde Alternative sind frische Früchte, Smoothies
oder Fruchtsäfte. Sie beinhalten 100 Prozent natürlichen
Fruchtzucker und versorgen den Körper schnell mit Energie.
Auch Trockenfrüchte sind perfekt, um schnell wieder in
Form zu kommen.

Spicy Purple

Mango Sunrise

Dark Banana

Nährwerte	Spicy Purple	Mango Sunrise	Dark Banana
kcal	490	500	444
Carbs	124 g	106 g	112 g
Protein	6 g	8 g	6 g
Fett	2 g	6 g	3 g

Spicy Purple

▶ Die Beeren gegebenenfalls auftauen. Die Dattel entsteinen. Die Beeren mit 150 ml Wasser in den Mixer geben und pürieren. Das Beerenmus durch ein Sieb streichen.

▶ Birnen waschen und entkernen. Bananen schälen. Beerenmus mit den restlichen Zutaten im Mixer zu einem cremigen Smoothie verarbeiten.

ZUTATEN

250 g Beerenmischung
   (frisch oder tiefgefroren)
1 Medjool-Dattel
2 reife Birnen (ca. 250 g)
1 mittelgroße Banane (ca. 80 g)
1 Tls Lebkuchengewürz

Mango Sunrise

▶ Die Erdbeeren gegebenenfalls auftauen lassen. Mangofruchtfleisch und Orangesaft im Mixer cremig pürieren und in ein Gefäß umfüllen. Die Datteln entsteinen. Erdbeeren, Datteln, 100 ml Wasser und die Minzeblätter im Mixer pürieren.

▶ Die beiden Smoothies am besten in bauchige Cocktailgläser füllen. Pro Glas wird zuerst jeweils ein Drittel mit dem Beerensmoothie, danach mit zwei Dritteln des Mangosmoothies aufgefüllt. Dadurch ergibt sich der charakteristische Sunrise-Farbverlauf.

ZUTATEN

250 g Erdbeeren
   (frisch oder tiefgefroren)
1–2 frische Mangos (alternativ
   Mango aus dem Glas,
   ca. 300 g Fruchtfleisch)
200 ml Orangensaft
2 Medjool-Datteln
5 frische Minzeblätter

Dark Banana

▶ Bananen schälen. Bananen, Haferflocken, Vanille, Reis-Kokos-Milch, Kakao und Minze im Mixer zu einem cremigen Smoothie verarbeiten.

ZUTATEN

4 mittelgroße Bananen (ca. 250 g)
25 g glutenfreie Haferflocken
1 Tls Vanillepulver
250 ml Reis-Kokos-Milch
10 g Kakaopulver, stark entölt
5 frische Minzeblätter

Wake Up

ZUTATEN

1 Grapefruit (ca. 350 g)
1 Orange
2 Bananen (ca. 200 g)
ca. 3–5 g frischer Ingwer
2 TL Baobab-Pulver

► Die Grapefruit, die Orange und die Bananen schälen. Die Zitrusfrüchte von etwaigen Kernen befreien.

► Den Ingwer dünn schälen. Die Früchte, Ingwer und Baobab-Pulver im Mixer zu einem cremigen Smoothie verarbeiten.

Summertime

ZUTATEN

½ Ananas (ca. 300 g Fruchtfleisch)
2 Bananen (ca. 200 g)
100 ml Reis-Kokos-Milch
2 TL Lucuma-Pulver
20 g Rosinen

► Ananas schälen, den Strunk entfernen und das Fruchtfleisch klein schneiden.

► Die Bananen schälen und zusammen mit den restlichen Zutaten im Mixer cremig pürieren.

Vitamin Reload

ZUTATEN

1 Apfel (ca. 150 g)
ca. 200 g Pfirsichfruchtfleisch, frisch oder aus dem Glas
1 Banane (ca. 100 g)
1 Medjool-Dattel
100 g Cranberries aus dem Glas

► Den Apfel und die Pfirsiche waschen und entkernen. Die Bananen schälen und die Dattel entkernen. Cranberries abtropfen lassen. Alles zusammen mit 100 ml Wasser im Mixer pürieren.

Wake up

Summertime

Vitamin Reload

Nährwerte	Wake Up	Summer-time	Vitamin Reload
kcal	475	531	503
Carbs	120 g	121 g	127 g
Protein	7 g	5 g	4 g
Fett	2 g	3 g	1 g

Pink Dragon

Green Hornet

Orange Viper

Nährwerte	Pink Dragon	Green Hornet	Orange Viper
kcal	550	290	657
Carbs	125 g	72 g	158 g
Protein	8 g	4 g	6 g
Fett	5 g	2 g	8 g

Pink Dragon

▶ Die Himbeeren gegebenenfalls auftauen lassen. Frische Himbeeren waschen. Die Datteln entsteinen. Den Apfel waschen und entkernen. Die Bananen schälen und grob zerkleinern.

▶ Die Himbeeren mit 300 ml Wasser im Mixer pürieren. Anschließend durch ein Sieb streichen. Das Himbeermus mit den restlichen Zutaten im Mixer zu einem cremigen Smoothie pürieren.

ZUTATEN

250 g Himbeeren (frisch oder tiefgefroren)
3 Medjool-Datteln
1 Apfel (ca. 150 g)
2 mittelgroße Bananen (ca. 200 g)
2 TL Kokosraspeln
1 Tls Zimt, gemahlen

Green Hornet

▶ Die Kiwis schälen oder mit einem Löffel das Fruchtfleisch herauslösen.

▶ Die Gurke waschen und grob zerkleinern. Kiwi und Gurke zusammen mit den restlichen Zutaten im Mixer fein pürieren.

ZUTATEN

6 Kiwis (ca. 400 g)
½ Gurke (ca. 140 g)
40 g getrocknete Maulbeeren
250 ml Reis-Kokos-Milch
1 Tls Vanillepulver

Orange Viper

▶ Die Erdbeeren gegebenenfalls auftauen lassen. Frische Erdbeeren waschen und putzen.

▶ Die Papaya schälen und entkernen. Alle Zutaten mit 200 ml Wasser im Mixer zu einem cremigen Smoothie verarbeiten.

ZUTATEN

250 g Erdbeeren (frisch oder tiefgefroren)
1 große Papaya (ca. 400 g Fruchtfleisch)
1 TL abgeriebene Limettenschale
10 g Kokosblütenzucker

Greens

Die Frage, ob es ein Lebensmittel gibt, das nachweislich die Lebenserwartung des Menschen verlängert, kann ganz einfach beantwortet werden: Das Geheimnis eines sehr langen Lebens ist grünes Blattgemüse, im besten Fall roh oder schonend verarbeitet.

Die höchste Nährstoffdichte von allen Lebensmitteln und eine unvergleichliche Reichhaltigkeit an Aminosäuren stecken in grünem Blattgemüse wie beispielsweise Grünkohl, Mangold, Spinat, Blattkohl, Römersalat und Wildkräutern. Auch liefert grünes Gemüse große Mengen Protein und ist zudem sehr reich an sekundären Pflanzenstoffen, die uns vor vielen Krankheiten bewahren und unser Immunsystem stärken. Zusätzlich werden wir dank grünem Blattgemüse reichlich mit wichtigen B-Vitaminen und Folat (Folsäure nennt man nur das synthetische Pendant) versorgt, das wiederum ist essenziell für die Zellteilung und Blutbildung. Über die Vorteile von grünem Blattgemüse ließe sich ein ganzes Buch schreiben, Fakt ist allerdings, dass es täglich auf unserem Speiseplan stehen sollte. Für uns hat sich dabei der grüne Smoothie sehr bewährt, denn man kann darin einfacher große Mengen an Grünzeug zu sich nehmen, während ein Salat schneller sättigt. Die einzelnen Vorteile vom Grün kann man folgendermaßen gut zusammenfassen:

Wildkräuter – ursprünglich und kraftvoll

Wildkräuter sind Pflanzen, die nicht vom Menschen kultiviert oder gezüchtet werden. Sie beinhalten damit noch das gesamte und ursprüngliche Spektrum an Nähr- und Vitalstoffen. Der Vorteil von Wildkräutern ist, dass man sie frisch ernten kann. Sie sind ein kostenloses Geschenk der Natur, brauchen den Menschen nicht und wachsen ohne Pflege. Wildkräuter überleben selbst harte Dürreperioden oder lange Kältephasen. Warum ist das so wichtig? Die Pflanzen, die am robustesten und widerspenstigsten sind, haben die stärksten Abwehrkräfte. Löwenzahn beispielsweise wächst sogar durch Teer.

Der hohe Nährstoffgehalt

Grünes Blattgemüse enthält viele Mineralstoffe. Die Werte von Wildkräutern sind noch nicht vollständig bestimmt, aber es steht fest, dass sie kultiviertes Grün um Längen abhängen. Auch weisen besonders Wildkräuter einen hohen Gehalt an Vitamin C auf. Es lohnt sich, viel frisches und rohes Grün in seinen Speiseplan aufzunehmen. Grüne Smoothies eignen sich perfekt, da man automatisch größere Mengen davon zu sich nimmt und das Grün durch das Mixen bereits gut aufgespalten wird. In Kombination mit reifen Früchten sind Wildkräuter gerade dann schmackhaft, wenn sie im Salat zu bitter wären. Es heißt, je grüner, umso bitterer. Bitterstoffe sind ein weiteres Plus, denn sie fördern Magen- und Gallensaftsekretion, stoppen Fäulnis- und Gärprozesse in der Verdauung und bauen eine gesunde Darmflora auf. Außerdem unterstützen sie unsere Leber und helfen bei der Fettverdauung.

Flavonoide, die gesunde Verpackung

Wildkräuter und jedes andere kultivierte Blattgemüse weisen einen hohen Gehalt an Flavonoiden auf. Flavonoide sind wirksame Pflanzenstoffe, die in Obst und Gemüse hauptsächlich in der Schale und in Kohlgemüse in den Blättern enthalten sind. Sie stecken beispielsweise auch im Karottengrün. Dadurch werden sie oft einfach weggeworfen. Flavonoide fungieren als Antioxidantien, die unsere Zellen jung halten. Manche Flavonoide wirken antibakteriell oder schützen uns vor Krankheiten. Auch können sie einen positiven Einfluss auf den Cholesterinspiegel haben.

Und was ist im Winter?

Da Wildkräuter im Winter schlecht verfügbar sind, besteht die Möglichkeit, sich ganz einfach einen Vorrat zu schaffen. Man kann sie im Frühling frisch ernten, in der Sonne trocknen, pulverisieren und in einem Schraubglas aufbewahren. Im Winter werden sie dann ganz einfach dem Smoothie hinzugefügt. Gerade in Kombination mit frischem saisonalem Blattgemüse wie Mangold oder Grünkohl, stehen die Winter-Smoothies der Sommervariante in nichts nach.

Mineralstoffe und Vitamin C in grünem Blattgemüse

jeweils in mg pro 100 g	Kalium	Kalzium	Magnesium	Eisen	Vitamin C
Chicorée	192	26	13	0,7	10
Kopfsalat	224	37	11	1,1	8
Brokkoli	373	105	24	0,8	115
Grünkohl	490	212	31	1,9	120
Gänseblümchen	600	190	33	2,7	87
Gänsefuß	920	310	93	3	236
Franzosenkraut	390	410	56	14	125
Brennnessel	410	630	71	7,8	333

FÜR CA. 750 ML

Green Gold

ZUTATEN

1 Banane (ca. 100 g)
250 g Ananasfruchtfleisch
100 g tiefgefrorener Grünkohl
10 g Löwenzahn

▶ Die Banane schälen und zusammen mit den übrigen Zutaten und 200 ml Wasser im Mixer zu einem cremigen Smoothie verarbeiten.

Queen of Greens

ZUTATEN

2 Bananen (ca. 200 g)
200 g Aprikosen (frisch oder aus dem Glas)
80 g Feldsalat
20 g Giersch

▶ Die Banane schälen und die frischen Aprikosen waschen und entsteinen.

▶ Aprikosen und Bananen mit den übrigen Zutaten im Mixer zu einem cremigen Smoothie verarbeiten.

Aurora

ZUTATEN

1 Orange
2 Mangos (ca. 400 g Fruchtfleisch)
1 EL Kokosblütenzucker
20 g Petersilie
10–15 frische Minzeblätter
80 g tiefgefrorener Spinat

▶ Die Orange schälen. Etwaige Kerne entfernen. Die Mangos schälen und das Fruchtfleisch vom Stein herunterschneiden.

▶ Das Mango- und Orangenfruchtfleisch mit 350–400 ml Wasser und den restlichen Zutaten im Mixer fein pürieren.

Green Gold

Queen of Greens

Aurora

Nährwerte	Green Gold	Queen of Greens	Aurora
kcal	280	390	330
Carbs	70 g	95 g	82 g
Protein	6 g	9 g	7 g
Fett	1 g	3 g	1 g

Service

Bezugsquellen

Küchengeräte

www.berndes.de
(hochwertiges antihaftbeschichtetes
Küchengeschirr, Keramikpfannen, -töpfe
oder Wok)

www.keimling.de
(Mixer: Vitamix)

Lebensmittel

www.pureraw.de
(Lucuma-Pulver, Baobab-Fruchtpulver,
Lebensmittel in Rohkostqualität)

www.keimling.de
(Lebensmittel in Rohkostqualität)

www.provamel.de
(Milch, Joghurt, Pudding, Desserts auf
Sojabasis)

www.bauckhof.de
(glutenfreie Haferflocken)

Bio-/Naturkostladen, Reformhaus
(Reis-Kokos-Milch, Reissahne, Sojamilch,
glutenfreie Haferflocken, Tamari)

Zum Weiterlesen

Julia Lechner & Anton Teichmann:
Raw Soul Food. Vegane Rohkost macht
glücklich. 74 Rezepte von kinderleicht bis
gourmetköstlich. Ulmer, Stuttgart, 2014

Lisa Pfleger: **Vegan regional saisonal**.
Einfache Rezepte für jeden Tag. Ulmer,
Stuttgart, 2014

Lisa Pfleger: **Vegan Homemade**. Meine
Grundrezepte für Tofu, Seitan, Pflanzen-
milch, Käse, Nudeln und Co. Ulmer,
Stuttgart, 2015

Dr. Christine Volm: **Rohköstliches**.
Gesund durchs Leben mit veganer Rohkost
und Wildpflanzen. Ulmer, Stuttgart, 2014

Dr. Christine Volm: **Meine liebsten Wildpflanzen rohköstlich**. Sicher erkennen,
vegan genießen. Ulmer, Stuttgart, 2013

Dr. Christine Volm: **wild & roh**. Die besten
Smoothies mit Wildpflanzen. Ulmer,
Stuttgart, 2015

Die in diesem Buch enthaltenen Empfehlungen und Angaben sind von den Autoren mit größter Sorgfalt zusammengestellt und geprüft worden. Eine Garantie für die Richtigkeit der Angaben kann aber nicht gegeben werden. Autoren und Verlag übernehmen keine Haftung für Schäden und Unfälle. Bitte setzen Sie bei der Anwendung der in diesem Buch enthaltenen Empfehlungen Ihr persönliches Urteilsvermögen ein. Der Verlag Eugen Ulmer ist nicht verantwortlich für die Inhalte der im Buch genannten Websites.

Bildquellen

Alle Fotos stammen von den Autoren.

Impressum

Bibliografische Information der Deutschen Nationalbibliothek
Die Deutsche Nationalbibliothek verzeichnet diese Publikation in der Deutschen Nationalbibliografie; detaillierte bibliografische Daten sind im Internet über http://dnb.d-nb.de abrufbar.

© 2016 Eugen Ulmer KG
Wollgrasweg 41, 70599 Stuttgart
(Hohenheim)
E-Mail: info@ulmer.de
Internet: www.ulmer-verlag.de
Lektorat: Anja Fleischhauer, Antje Munk
Herstellung: Martina Gronau
Umschlagentwurf: Verlag Eugen Ulmer
Innenlayout und DTP: Atelier Reichert, Stuttgart
Reproduktion: timeRay Visualisierungen, Herrenberg
Druck und Bindung: Pustet, Regensburg
Printed in Germany

ISBN 978-3-8001-0311-9

Hier können Sie weiterlesen ...

Unkomplizierte vegane Rezeptideen

Vegan schmeckt richtig gut!

LIVE VEGAN – EAT LOCAL

Lisa Pfleger stellt über 140 vegane Rezepte vor, darunter sehr viele einfache und schnelle Gerichte. Für ihre veganen Rezeptideen sind die meist saisonalen Zutaten einfach in der eigenen Region zu beschaffen. Immer wieder regen die Rezepte dazu an, Neues auszuprobieren: selbst auf Wildkräuterpirsch gehen oder vitaminreiche Keimlinge auf der Fensterbank sprießenlassen - für den ganz eigenen Pfiff in den Rezepten. Jahreszeitlich abwechslungsreiche, schnelle und unkomplizierte vegane Rezepte - von der veganen Last-Minute-Idee bis zum veganen Weihnachtsmenü.

Vegan, regional, saisonal. Einfache Rezepte für jeden Tag. Lisa Pfleger. 2014. 192 S., 150 Farbfotos, geb. ISBN 978-3-8001-8068-4.

VEGANE BASICS SELBER MACHEN

Lisa Pfleger hilft dir, vegane Basics einfach selbst zu machen. Mit ihren Rezepten kannst du saisonale Ressourcen besser nutzen, um dich günstig, gesund und bio zu ernähren. 220 wirklich einfache und unkomplizierte Rezepte für Tofu, Seitan, Mandelmilch, Kokosmilch, Käse, Butter, Kuchen, Ketchup, Soßen, Brotaufstriche, Essig, Öl, Müsli, Kekse, Schokolade – zum Sofort-Genießen oder für den veganen Vorratsschrank.

Vegan Homemade. Meine Grundrezepte für Tofu, Seitan, Pflanzenmilch, Käse, Nudeln und Co. Lisa Pfleger. 2015. 160 S., 100 Farbfotos, geb. ISBN 978-3-8001-8454-5.

Ganz nah dran.